CONTENTS

JN102710

主語の様子や状態を表現する

A S＋V（＋M）（第1文型）
B S＋V＋C（第2文型）

知識・技能：第1文型，第2文型について理解する。
思考力・判断力・表現力：身のまわりで流行していることを紹介できる。

A 主語の動作を表す動詞と補足説明をする語句

❶ 星は夜空に輝く。

Stars shine in the night sky.

❶動詞（V）とその主語（S）の2つの要素で成り立つ型が第1文型である。in the night sky のような副詞（句）で情報を追加することが多い。

語順 BOX	S（何が）	V（〜する）	M
	Stars	**shine**	in the night sky.
	星が	輝く	夜空に

　〈S＋be-動詞＋場所〉も第1文型で，「…がある」と存在を表す。
　例 私の愛犬がテーブルの下にいます。
　　My lovely dog is under the table.

基本例題 1. 鳥は楽しげに鳴く。

_____ merrily.

語順 S（鳥は） ➡ V（鳴く）
Tips 「（鳥・虫などが）鳴く」sing

B 主語の様子や変化を説明する動詞

❷ 羽生結弦（Yuzuru Hanyu）はすばらしいフィギュアスケーターです。

Yuzuru Hanyu **is a wonderful figure skater**.

❸ 信号が赤になりました。

The traffic light **turned red**.

❷be-動詞（…である），stay（…のままでいる）などの動詞に続く補語（C）は主語（S）の様子や状態を表し，S＝C の関係が成り立つ。

語順 BOX	S（だれが）	V（…である）	C（どんなもの）
	Yuzuru Hanyu	**is**	**a wonderful figure skater.**
	羽生結弦は	…である	すばらしいフィギュアスケーター

❸turn（…に変わる），become（…になる）などの動詞は主語の変化を表す。

語順 BOX	S（何が）	V（〜する）	C（どんな状態）
	The traffic light	**turned**	**red.**
	信号が	…になった	赤に

　come や go がこの文型で用いられると，come true（実現する），go bad（腐る）のように，「…になる」という意味を表す。

　feel（…のように感じる），look（…に見える），smell（…の匂いがする），sound（…に聞こえる），taste（…の味がする）のように，話し手の主語に対する認識や感覚を表す動詞も用いられる。

基本例題 2. クリスティーン（Christine）は歯科医になりました。

語順 S（クリスティーンは） ➡ V（…になった） ➡ C（歯科医）

> **Target Sentences** 次の日本語を英語に直して，基本例文の定着をはかろう。（各2点）
>
> ❶ 星は夜空に輝く。
>
> _____
>
> ❷ 羽生結弦（Yuzuru Hanyu）はすばらしいフィギュアスケーターです。
>
> _____
>
> ❸ 信号が赤になりました。
>
> _____

1 日本語に合うように空所に適語を入れなさい。（各2点）

1. 私たちは去年ヨーロッパを旅行して回りました。

   We （　　　　　　） （　　　　　　） Europe last year.

2. 時計が壁にかかっています。

   The clock （　　　　　　） （　　　　　　） the wall.

3. 私の夢は近い将来実現するでしょう。

   My dream will （　　　　　　） （　　　　　　） in the near future.

2 次の英文を完成させなさい。（1., 2.：各2点，3., 4.：各4点）

1. 大きなショッピングセンターが町の中心にあります。

   The big shopping center （in / is / of / the center / the town）.

   _____

2. The maples （along / in / red / this river / turn） autumn.

   _____

3. 野村先生（Mr. Nomura）は自分の生徒たちにほほえみかけました。

   _____ at his students.

   〔語順〕 S（野村先生は）　➡　V（ほほえんだ）

   〔Tips〕▶ 「…にほほえむ」 smile at …

4. その歌は子供たちの間で人気です。

   _____

   〔語順〕 S（その歌は）　➡　V（…である）　➡　C（人気で）　➡　M（子供たちの間で）

   〔Tips〕▶ 「…の間で」 among …

3 あなたの身のまわりで流行していること［もの］を，「…が人気である」の形で書きなさい。（6点）

   _____

   〔Tips〕▶ **2** 4. の問題を参考にするとよいでしょう。

/30

3

動作の対象（目的語）を示す

A S＋V＋O（第3文型）
B S＋V＋O＋O（第4文型）

知識・技能：第3文型，第4文型について理解する。

思考力・判断力・表現力：日常的な話題について，自分自身の考えを適切に表現できる。

A 英語の最も基本的な語順

❶ 昨晩，彼女は新しい時計を壊してしまった。

She **broke a new watch** last night.

❶broke（壊した）という動詞（V）を中心に，前後に壊した人（S）と壊した対象（O）を置く。

語順 BOX	S（だれが）	V（〜する）	O（何を）	M
	She	broke	a new watch	last night.
	彼女が	壊した	新しい時計を	昨晩

基本例題 1. 京都には多くの寺や神社があります。

語順 S（京都は） ➡ V（もっている） ➡ O（多くの寺や神社を）

B give 型動詞と buy 型動詞の使い方

❷ 望月教授（Prof. Mochizuki）が私にちょっとしたアドバイスをしてくれました。

Prof. Mochizuki **gave me some advice**.　［give 型動詞］

❸ ヘクター（Hector）は私に新しいソファーを買ってくれました。

Hector **bought me a new sofa**.　［buy 型動詞］

❷give 型動詞は「主語のもとから物が移動して相手に届く」という移動の意味を表す。

語順 BOX	S（だれが）	V（〜する）	O（だれに）	O（何を）
	Prof. Mochizuki	gave	me	some advice.
	望月教授が	与えた	私に	ちょっとしたアドバイスを

❸buy 型動詞は「主語が相手のために何かをする」という恩恵の意味を表す。

語順 BOX	S（だれが）	V（〜する）	O（だれに）	O（何を）
	Hector	bought	me	a new sofa.
	ヘクターが	買った	私に	新しいソファーを

基本例題 2. 父は私においしい朝食を毎朝作ってくれます。

_____ every morning.

語順 S（父は） ➡ V（作る） ➡ O（私に） ➡ O（おいしい朝食を）

Target Sentences 次の日本語を英語に直して，基本例文の定着をはかろう。(各2点)

❶ 昨晩，彼女は新しい時計を壊してしまった。

_____

❷ 望月教授(Prof. Mochizuki)が私にちょっとしたアドバイスをしてくれました。

_____

❸ ヘクター(Hector)は私に新しいソファーを買ってくれました。

_____

1 日本語に合うように空所に適語を入れなさい。(各2点)

1. アナ(Anna)は自分の母親に似ている。

( ) resembles ( ) ( ).

2. どうして昨晩のパーティーに参加しなかったの。

Why didn't ( ) ( ) the ( ) last night?

3. 駅までの道のりを教えてくれませんか。

Could ( ) ( ) ( ) the way to the station?

2 次の英文を完成させなさい。(1., 2.：各2点, 3., 4.：各4点)

1. これらの問題について私たちと議論しませんか。(1語不要)

Why don't you (about / discuss / matters / these / with) us?

_____

2. (a / big / Elsa / gave / him / hug).

_____

3. 私の祖母は毎日薬を飲みます。

_____ every day.

語順 S(私の祖母は) ➡ V(飲む) ➡ O(薬を)

Tips 「薬を飲む」は頻出フレーズ

4. この機械があれば私たちは多くの時間を節約できるでしょう。

_____

語順 S(この機械が) ➡ V(節約させるだろう) ➡ O(私たちに) ➡ O(多くの時間を)

3 スポーツをすることで，子供たちは何を学ぶことができると思いますか。次の英文を完成させて，あなたの考えを英語で書きなさい。(6点)

Children _____ by playing sports.

Tips 「学ぶ対象(O)」にあなたの意見を考えて入れてみましょう。

/30   5

Lesson 3
目的語の状態（補語）を示す

知識・技能：第5文型について理解する。

思考力・判断力・表現力：日常的な話題について，自分自身の考えを適切に表現できる。

A 目的語の情報を補足する

❶ その映画はエマ（Emma）をスターにした。

That movie made Emma a star.

❶That movie made Emma（その映画はエマをした）では「エマがどんな状態になったか」の情報が足りない。この目的語について説明する補語（a star）を<u>目的格補語</u>という。

語順 BOX	S（何が）	V（〜する）	O（だれを）	C（どんなもの）
	That movie	made	Emma	a star.
	その映画が	…にした	エマを	スター

●**S＋V＋O＋C に用いられる動詞**

make 型（目的語の状態変化を表す）：get（…にさせる），keep（…にしておく），let（させてやる），leave（そのままにしておく），paint（塗る）など

call 型（目的語の名や役職を表す）：choose（選ぶ），name（名づける）など

think 型（目的語についての認識を表す）：believe（信じる），consider（考える），find（わかる）など

🔖 think 型は think＋O＋to be＋C の to be が省略されていると考えることもできる。

基本例題 1. その部屋にはだれもいないことがわかった。

（語順） S（私は） ➡ V（わかった） ➡ O（その部屋が） ➡ C（空っぽだと）

B 第5文型に相当する形を作る

❷ 私たちはそのフィギュアスケーターを国民的英雄だと思っています。

We regard the figure skater as a national hero.

❷O（目的語）の状況や状態を説明するという意味では，V＋O＋as＋A の as＋A を<u>補語相当語句</u>とみなすことができる。

語順 BOX	S（だれが）	V（〜する）	O（だれを）	as＋A（どんなもの）
	We	regard	the figure skater	as a national hero.
	私たちは	みなす	そのフィギュアスケーターを	国民的英雄だと

●**S＋V＋O＋as＋A 「OをAだとみなす［考える］」に用いられる動詞（句）**

regard＋O＋as＋A, see＋O＋as＋A, think of＋O＋as＋A, view＋O＋as＋A など

🔖 Aには形容詞や名詞を置くことができる。

🔖 think 型と異なり，×We regard him a hero. や×We regard him to be a hero. とはならない。

基本例題 2. 私はその先生の助言は貴重なものだと思っている。（view を使って）

（語順） S（私は） ➡ V（思う） ➡ O（その先生の助言を） ➡ as＋A（貴重だと）

EXERCISES 3

目的語の状態(補語)を示す　A S+V+O+C(第5文型)　B S+V+O+[as+A](第5文型相当の形)

1 日本語に合うように空所に適語を入れなさい。(各2点)

1. どうぞ楽にしてください。

   Please (　　　　　) (　　　　　) (　　　　　).

2. 私を一人のままにしてください。

   Please (　　　　　) (　　　　　) (　　　　　).

3. 私はその壁を青色に塗った。

   I (　　　　　) the (　　　　　) (　　　　　).

2 次の英文を完成させなさい。(1., 2.：各3点, 3., 4.：各4点)

1. 私たちはデイヴィッド(David)をクラブのキャプテンに選んだ。

   We (captain / David / elected / of / the club).

   _____

2. Some people in the world (consider / Hayao Miyazaki / Japan / of / the Walt Disney).

   _____

3. 稲葉さん(Mr. Inaba)は彼の仕事上，英語は必要だと思っています。(regard を使って)

   _____ for his work.

   語順　S(稲葉さんは)　➡　V(思う)　➡　O(英語を)　➡　as+A(必要だと)

4. そのレストランの料理は脂っこすぎると思いました。(find を使って)

   _____

   語順　S(私は)　➡　V(思った)　➡　O(そのレストランの料理を)　➡　C(脂っこすぎると)
   Tips▶　「脂っこい」oily

3 あなたはインターネットをどのようなものだと思いますか。次の英文を完成させて，あなたの考えと
その理由を書きなさい。(6点)

I _____.
Tips▶　「インターネットを…と思う」regard the Internet as …

「～している」を表現する

知識・技能：現在形，現在進行形について理解する。
思考力・判断力・表現力：自分の習慣について，現在形を使って表現できる。

Ⓐ 現在形が表す「時」の範囲

❶ 私はアンジェラ(Angela)の携帯電話の番号を知っています。

I **know** Angela's cellphone number.

❶英語の現在形は，「今」を中心に「過去」から「未来」までを含む時間的に幅のある意味を表すことが多い。現在の状態や習慣，一般的事実，スポーツの実況，確定した予定は現在形で表す。

語順 BOX	S(だれが)	V(～する)	O(何を)
	I	**know**	Angela's cellphone number.
	私は	知っている	アンジェラの携帯電話の番号を

🔖 日本語では「～している」なのに英語では現在進行形ではなく現在形を使うとき，動詞は状態動詞であることが多い。

●状態動詞

belong (to)((…に)属している)，contain(…を含んでいる)，resemble(…に似ている)，wear(…を身に着けている)，remember(…を覚えている)，smell(…のにおいがする)など

基本例題 1. ユージーン(Eugene)は国際的な企業に勤めています。

_____ for an international company.

語順　S(ユージーンは) ➡ V(勤めている)

Ⓑ 「～している」の表現方法の区別

❷ 富士山は東京の西に位置しています。

Mt. Fuji **lies** to the west of Tokyo.

❸ 小野先生(Mr. Ono)は今パソコンで論文を執筆しています。

Mr. Ono **is writing** an essay on his computer now.

❷位置関係は変わることのない事実なので現在形を使うのがふつう。

語順 BOX	S(何が)	V(～する)	M
	Mt. Fuji	**lies**	to the west of Tokyo.
	富士山は	位置している	東京の西に

❸今まさに進行中の動作については，現在進行形を使う。

語順 BOX	S(だれが)	V(～する)	O(何を)	M	M
	Mr. Ono	**is writing**	an essay	on his computer	now.
	小野先生は	書いている	論文を	パソコンで	今

基本例題 2. リサ(Lisa)は明日のテストのために勉強しています。

_____ for tomorrow's test.

語順　S(リサは) ➡ V(勉強している)

Target Sentences　次の日本語を英語に直して，基本例文の定着をはかろう。(各2点)

❶ 私はアンジェラ(Angela)の携帯電話の番号を知っています。

_____

❷ 富士山は東京の西に位置しています。

_____

❸ 小野先生(Mr. Ono)は今パソコンで論文を執筆しています。

_____

1　日本語に合うように空所に適語を入れなさい。(各2点)

1. 雄人(Yuto)はテニス部に入っています。

　Yuto (　　　　　) (　　　　　　) the tennis club.

2. サラ(Sarah)は庭で野菜を育てています。

　Sarah (　　　　　) (　　　　　　) in the garden.

3. アナ(Anna)はキッチンでクッキーを焼いています。

　Anna (　　　　　) (　　　　　　) (　　　　　　) in the kitchen.

2　次の英文を完成させなさい。(1., 2.：各2点, 3., 4.：各4点)

1. その双子の兄弟は互いによく似ています。

　The twins (each / other / really / resemble).

_____

2. I (medical volunteers / am / for / asking / on) an SNS.

_____

3. チャド(Chad)は郊外に住んでいます。

　[語順] S(チャドは) ➡ V(住んでいる) ➡ M(郊外に)
　[Tips] 「郊外に」in the suburbs

4. 地球は太陽のまわりを回っています。

_____

　[語順] S(地球は) ➡ V(回っている) ➡ M(太陽のまわりを)
　[Tips] 「…のまわりを回る」go around …

3　あなたが日ごろしている習慣にはどのようなものがありますか。現在形を使って書きなさい。(6点)

_____

　[Tips] 「犬を散歩させる」walk one's dog　「新聞記事を読む」read newspaper articles

Lesson 5 「～した」などを表現する

A 過去形
B 現在完了形（完了・結果，経験）

知識・技能：過去形と現在完了形について理解する。

思考力・判断力・表現力：経験した出来事について，現在完了形を使って表現できる。

A 過去形が表す「時」

❶ 昨日は家にいました。

I **stayed** at home **yesterday**.

❶過去形は yesterday などの過去を表す副詞（句）をともない，過去のある時点の出来事を述べる。

語順BOX	S（だれが）	V（～する）	M	M
	I	**stayed**	at home	**yesterday**.
	私は	いました	家に	昨日

🔎 動作動詞の過去形が often（よく），every …（毎…），sometimes（ときどき），usually（ふだんは）などの頻度を表す副詞とともに使われると，過去にくり返された習慣的な動作を表す。

例 幼い頃，毎年夏になると祖父母の家に行っていました。

I **visited** my grandparents' house **every summer** when I was a young child.

基本例題 1．友樹（Tomoki）はロンドンにいたとき，一人暮らしをしていました。

_____ when he was in London.

語順 S（友樹は） ➡ V（暮らした） ➡ M（一人で）

B 「～した」「～したことがある」の表現方法

❷ オーストラリアでの経験が私の人生を変えました。

The experience in Australia **has changed** my life.

❸ 私はパリに 3 回行ったことがあります。

I **have been** to Paris **three times**.

❷現在完了形は過去の出来事と現在の状態に結びつきがあることを表す。

語順BOX	S（何が）	V（～する）	O（何を）
	The experience in Australia	**has changed**	my life.
	オーストラリアでの経験が	変えた	私の人生を

🔎「人生を変えた」ということは，オーストラリアでの経験の影響が現時点まで残っていることを表す。

❸現在完了形は回数や頻度を表す副詞（句）をともなって，「～したことがある」のように現在までに経験したことを表す。

語順BOX	S（だれが）	V（～する）	M	M
	I	**have been**	to Paris	**three times**.
	私は	行ったことがある	パリに	3回

基本例題 2．関西空港行きのフライトをちょうど予約しました。

語順 S（私は） ➡ V（ちょうど予約した） ➡ O（関西空港行きのフライトを）

Target Sentences　次の日本語を英語に直して, 基本例文の定着をはかろう。(各2点)

❶ 昨日は家にいました。

_____

❷ オーストラリアでの経験が私の人生を変えました。

_____

❸ 私はパリに3回行ったことがあります。

_____

1 日本語に合うように空所に適語を入れなさい。(各2点)

1. 英語の授業中に, 私のスマートフォンが鳴った。

（　　　　　　） the English lesson, my smartphone（　　　　　　）.

2. およそ10年前に京都に住んでいました。

I（　　　　　　） in Kyoto about 10 years（　　　　　　）.

3. 環奈(Kanna)はすでに宿題を終えました。

Kanna（　　　　　　）（　　　　　　）（　　　　　　） her homework.

2 次の英文を完成させなさい。(1., 2.：各2点, 3., 4.：各4点)

1. ニューヨークを訪れたことがありますか。

（ever / have / New York / visited / you）?

_____

2. （a family trip / on / to / we / went）Okinawa for the first time.

_____

3. 先日, 倉敷で担任の先生に偶然会いました。

The other day, _____

語順　　S(私は) ➡ V(偶然会った) ➡ O(担任の先生に) ➡ M(倉敷で)

Tips▶ 「…に偶然出会う」come across …

4. ロン(Ron)は自分の英語の教科書を電車に置き忘れました。(今も手元に戻ってきていない)

_____

語順　S(ロンは) ➡ V(置き忘れた) ➡ O(自分の英語の教科書を) ➡ M(電車に)

Tips▶ 「…を置き忘れる」leave …

3 自分がこれまでに訪れたことがある場所や出席したことがあるイベントについて, 現在完了形を使って書きなさい。(6点)

_____

Tips▶ before「以前に」や, 回数・頻度を表す副詞句を使って表現しよう。

これからすることを表現する

A be going to 〜, will
B 現在形

知識・技能：未来のことを表す表現について理解する。
思考力・判断力・表現力：自分の予定について表現できる。

A 前もって考えていた意図・計画，未来の予測

❶ 来月，交換留学プログラムに応募するつもりです。

I **am going to** apply for a student exchange program next month.

❷ 私の祖父は来月94歳になります。

My grandfather **will** turn 94 next month.

❶be going to 〜は，すでに考えられていた意図・計画など，その行動の根拠がある場合に使う。

語順 BOX	S（だれが）	V（〜する）	M	M
	I	**am going to** apply	for a student exchange program	next month.
	私は	応募する予定だ	交換留学プログラムに	来月

❷will は，主語の意思とは関係なく状況から推測される未来を表す場合に使う。

語順 BOX	S（だれが）	V（〜する）	C（どんな状態）	M
	My grandfather	**will** turn	94	next month.
	私の祖父は	…になるだろう	94歳に	来月

👉 He will be successful. 「彼はきっとうまくいくだろう。」のように，話し手の主観にもとづく予測も表せる。

▶基本例題 1. 雪は数日後にとけるでしょう。

_____ in a few days.

語順 S（雪は） ➡ V（とけるだろう）

B 確定的な未来，副詞節中の未来

❸ 新学期は来週の火曜日に始まります。

The new term **begins** next Tuesday.

❹ 家に帰ったら，あなたに電話をかけます。

I **will call** you when I **come** home.

❸確実に実現される未来は現在形で表すことができる。公式行事，電車・飛行機の発着の予定などで多く見られる。

語順 BOX	S〈何が〉	V（〜する）	M
	The new term	**begins**	next Tuesday.
	新学期は	始まる	来週の火曜日に

❹時や条件を表す副詞節内では未来のことでも現在形が使われる。

語順 BOX	S（だれが）	V（〜する）	O（だれに）	M（時を表す副詞節）
	I	**will call**	you	when I **come** home.
	私は	電話をかける	あなたに	私が家に帰るとき

●時や条件を表す副詞節を導く接続詞

after [before]（…する後[前]に），as soon as（…するとすぐに），if（もし…なら），until（…するまで）など

▶基本例題 2. 彼が来た後でパーティーを始めましょう。

_____ , we will start the party.

語順 接続詞（…の後で） ➡ S（彼が） ➡ V（来る）

Target Sentences 次の日本語を英語に直して，基本例文の定着をはかろう。(各2点)

❶ 来月，交換留学プログラムに応募するつもりです。

_____

❷ 私の祖父は来月94歳になります。

_____

❸ 新学期は来週の火曜日に始まります。

_____

❹ 家に帰ったら，あなたに電話をかけます。

_____

---

1 日本語に合うように空所に適語を入れなさい。(各2点)

1. 午後に雨が降るでしょう。

   (　　　　　) (　　　　　) (　　　　　　) this afternoon.

2. このバスは10時30分に駅を出発します。

   This bus (　　　　　) the (　　　　　　) (　　　　　) 10:30.

3. 昌磨(Shoma)はアパートを見つけるまで，ホストファミリーのところに滞在するつもりです。

   Shoma (　　　　　) stay with his host family (　　　　　) he (　　　　　) an apartment.

2 次の英文を完成させなさい。(1., 2.：各2点, 3., 4.：各3点)

1. 望結(Miyu)は今週末に模擬試験を受ける予定です。

   (a practice examination / going / is / Miyu / take / to) this weekend.

   _____

2. Marin (restart / returns / she / training / when / will) to Canada.

   _____

3. 私は明日，歯医者に診てもらうつもりです。

   _____

   語順 S(私は) ➡ V(診てもらうつもりだ) ➡ O(歯医者に) ➡ M(明日)
   Tips▶ 「歯医者に見てもらう」see a [the] dentist

4. 私は卒業後，海外で働くつもりです。

   _____

   語順 S(私は) ➡ V(働くつもりだ) ➡ M(海外で) ➡ M(卒業後に)
   Tips▶ 「卒業後」after graduation

3 すでに考えている週末の予定を友達に知らせる英文を書きなさい。(6点)

   _____

   Tips▶ いつ，どこで，何をするかという要素を含むようにしよう。

動詞のニュアンスを豊かにする①

Ⓐ can [could], may
Ⓑ must, have to 〜

知識・技能：許可・依頼，義務を表す助動詞について理解する。
思考力・判断力・表現力：助動詞を用いて何かを依頼することができる。

Ⓐ 許可や依頼を表す助動詞

❶ ここで写真を撮ってもいいですよ。

You **can** take photos here.

❶You can 〜は can の「〜できる」の意味から派生して，「〜してもよい」という許可の意味になる。may も同様に許可を表すが，ややかたい表現。

語順 BOX	S(だれが)	V(〜する)	O(何を)	M
	You	**can [may]** take	photos	here.
	あなたは	撮ってもよい	写真を	ここで

🖐 Can I 〜？とすると，「〜してもいいですか」と許可を求める表現になる。May I 〜？はより丁寧な表現で，目上の人に対してよく使われる。

　　例 少し席をはずしてもよいですか。　**May [Can] I** leave here for a moment?

🖐 Can you 〜？や Could you 〜？とすると，「〜してくれませんか」という依頼を表す表現になる。

基本例題 1. トイレをお借りしてもいいですか。

　　　　語順 （〜してもいいか） ➡ S(私が) ➡ V(使う) ➡ O(トイレを)

Ⓑ 義務を表す助動詞

❷ あなたは真剣に自分の将来を考えなければなりません。

You **must** think about your future seriously.

❸ 自分の間違いを気にする必要はありません。

You **don't have to** mind about your mistake.

❷must は「〜しなければならない」という義務・必要性を表す助動詞である。

語順 BOX	S(だれが)	V(〜する)	M	M
	You	**must** think	about your future	seriously.
	あなたは	考えなければならない	あなたの将来について	真剣に

🖐 have to 〜も義務・必要性を表すが，must に比べて周囲の状況などからそうしなければならないという客観的な義務・必要性を表す。

　　例 終電がすでに行ってしまったので，私は歩いて家に帰らなければなりません。
　　　　The last train has already left, so I **have to** walk home.

❸have to 〜が否定文で用いられると，「〜する必要はない」という意味になる。

語順 BOX	S(だれが)	V(〜する)	M
	You	**don't have to** mind	about your mistake.
	あなたは	気にする必要はない	あなたの間違いについて

🖐 must が否定文で用いられ，must not 〜となると，「〜してはいけない」という禁止を表す。

　　例 自分の個人情報を SNS に投稿してはいけません。　You **must not** post your private information on SNSs.

基本例題 2. その映画を見なければなりませんよ。それはとてもおもしろいです。

_____ It's really interesting.

　　　　語順 S(あなたは) ➡ V(見なければならない) ➡ O(その映画を)

Target Sentences　次の日本語を英語に直して，基本例文の定着をはかろう。(各2点)

❶ ここで写真を撮ってもいいですよ。

_____

❷ あなたは真剣に自分の将来を考えなければなりません。

_____

❸ 自分の間違いを気にする必要はありません。

_____

---

1 日本語に合うように空所に適語を入れなさい。(各2点)

1. 私の電子辞書を使ってもいいですよ。

（　　　　　）（　　　　　）（　　　　　） my electronic dictionary.

2. 電気を消してくれませんか。

（　　　　　） you （　　　　　）（　　　　　） the light?

3. オーストラリアと日本の時差を心配する必要はありません。

You （　　　　　）（　　　　　）（　　　　　）（　　　　　） about the time difference between Australia and Japan.

2 次の英文を完成させなさい。(1., 2.：各2点，3., 4.：各4点)

1. 質問をしてもいいですか。

（question / a / ask / I / can / you）?

_____

2. （your smartphone / must / use / you / not）here.

_____

3. 今日は学校にお弁当を持って行かなくてもいいですよ。

_____ today.

語順 S（あなたは） ➡ V（持って行く必要はない） ➡ O（自分の昼食を） ➡ M（学校に）

4. 私は将来のためにお金を節約しなければなりません。

_____

語順 S（私は） ➡ V（節約しなければならない） ➡ O（お金を） ➡ M（将来のために）

3 ホームステイ先での夕食の場にいることを想像して，ホストファミリーに対して何かを依頼する英文を書きなさい。(6点)

_____

Tips▶ 「一杯のコーヒー」a cup of coffee
「サラダのおかわり」another helping [bowl] of salad
「…に塩を取る」pass … the salt

/30　**15**

Lesson 8 動詞のニュアンスを豊かにする②

A should, had better 〜
B may, must

知識・技能：助言・忠告・命令や，推量を表す助動詞について理解する。
思考力・判断力・表現力：助動詞を用いてアドバイスをすることができる。

A 助言・忠告・命令を表す助動詞

❶ 外出するときはかさを持って行ったほうがいいよ。

You **should** take your umbrella when you go out.

❷ 急いだほうがいいよ。そうでなければ電車に乗り遅れてしまうよ。

We **had better** hurry, or we will miss the train.

❶should は must のような強制の意味はなく，「〜するほうがよい」くらいのアドバイスを表す。

語順 BOX	S（だれが）	V（〜する）	O（何を）	M
	You	**should** take	your umbrella	when you go out.
	あなたは	持って行ったほうがよい	かさを	出かけるときに

❷had better 〜は「〜しなさい」「〜したほうがよい」など，比較的強い忠告や命令を表す。

語順 BOX	S（だれが）	V（〜する）	接続詞	S（だれが）	V（〜する）	O（何を）
	We	**had better** hurry,	or	we	will miss	the train.
	私たちは	急いだほうがよい	あるいは	私たちは	逃すだろう	電車を

👉 You had better 〜は強い命令口調であり，失礼に響く場合がある。

基本例題 1. 宿題を終わらせなさい。

語順 S（あなたは） ➡ V（終わらせたほうがよい） ➡ O（宿題を）

B 推量を表す助動詞

❸ スティーブ（Steve）は遅れてやって来るかもしれません。

Steve **may** show up late.

❹ カレン（Karen）は長時間のフライトで疲れているに違いありません。

Karen **must** be tired after the long flight.

❸may は現在と未来に関して，「〜かもしれない」という推量を表す。might は may よりも低い可能性を表す。

語順 BOX	S（だれが）	V（〜する）	M
	Steve	**may** [**might**] show up	late.
	スティーブは	現れるかもしれない	遅れて

❹must が be-動詞などの状態動詞とともに用いられると，「…に違いない」「きっと…だろう」という話し手の確信・推量を表す。

語順 BOX	S（だれが）	V（…である）	C（どんな状態）	M
	Karen	**must** be	tired	after the long flight.
	カレンは	…に違いない	疲れている	長いフライトの後で

👉 「…のはずがない」は cannot ... を用いる。

基本例題 2. アロンソ（Alonso）はバスケットボール部の部員に違いありません。

語順 S（アロンソは） ➡ V（…に違いない） ➡ C（バスケットボール部の部員）

Target Sentences 　次の日本語を英語に直して，基本例文の定着をはかろう。(各2点)

❶ 外出するときはかさを持って行ったほうがいいよ。

_____

❷ 急いだほうがいいよ。そうでなければ電車に乗り遅れてしまうよ。

_____

❸ スティーブ(Steve)は遅れてやって来るかもしれません。

_____

❹ カレン(Karen)は長時間のフライトで疲れているに違いありません。

_____

---

1 日本語に合うように空所に適語を入れなさい。(各2点)

1. さまざまな国の人とコミュニケーションをとったほうがいいよ。

You (　　　　　　) (　　　　　　　　) with people from different countries.

2. 私たちは明日のスケジュールを確認したほうがいい。

We (　　　　　　) (　　　　　　　) check tomorrow's schedule.

3. この杉は樹齢1,000年を超えているに違いない。

This cedar (　　　　　　) (　　　　　　) over 1,000 (　　　　　　) (　　　　　).

2 次の英文を完成させなさい。(1., 2. : 各2点, 3., 4. : 各3点)

1. このコンピュータはどこかおかしいに違いない。

(be / must / something / with / wrong) this computer.

_____

2. Emma (able / be / in / might / not / participate / to) the meeting.

_____

3. 今晩雨が降るかもしれない。

It _____ .

語順 　V(雨が降るかもしれない) ➡ M(今晩)

4. 知らない単語を見つけたら，辞書を引いたほうがいいよ。

_____

語順 　S(あなたは) ➡ V(使うほうがよい) ➡ O(辞書を) ➡ M(知らない単語を見つけたとき)

Tips▶ 「知らない単語」 an unfamiliar word

3 クラスメートに「〜したほうがいいよ」と助言する英文を書きなさい。(6点)

_____

Tips▶ 「教室を掃除する」 clean (up) the classroom
　　　「理科室に行く[急ぐ]」 go [hurry] to the science room

「～される」「～する」を表現する

A 受動態の基本
B 「～する」を表す受動態

知識・技能：受動態について理解する。
思考力・判断力・表現力：受動態を用いて何かを紹介することができる。

A 受動態の基本

❶ このツアーに食事は含まれていません。

Food **is not included** in this tour.

❶受動態は〈be-動詞＋過去分詞〉で「～される」を表し，動作を受ける側（「～される」側）を話題にする。

語順 BOX	S（何が）	V（～する）	M
	Food	is not included	in this tour.
	食べ物は	含まれない	このツアーに

🔸 動作を行う側を明示する必要がある場合は，文末に＜by＋動作をする側＞を置く。

例 その本は世界中のたくさんの人々に読まれています。 The book is read **by a lot of people in the world**.

基本例題 1. その国は海に囲まれていますか。

語順 （…か） ➡ S（その国は） ➡ V（囲まれている） ➡ M（海によって）

B 「～する」を受動態で表現する

❷ 吉野教授（Prof. Yoshino）はノーベル賞を受賞しました。

Prof. Yoshino **was awarded** the Nobel Prize.

❸ 学生たちはそのすばらしいニュースにとてもわくわくしました。

The students **were** really **excited** at the wonderful news.

❷ (S)(They) (V)awarded (O)Prof. Yoshino (O)the Nobel Prize. というS＋V＋O＋Oの文は，受動態を用いれば Prof. Yoshino を話題（主語）にした文で表すことができる。

語順 BOX	S（だれが）	V（～する）	O（だれに）	O（何を）
	（They）	awarded	Prof. Yoshino	the Nobel Prize.
	（彼らは）	授与した	吉野教授に	ノーベル賞を
	Prof. Yoshino	was awarded		the Nobel Prize.
	吉野教授は	授与された		ノーベル賞を

🔸 the Nobel Prize を主語にすると，The Nobel Prize was awarded to Prof. Yoshino. となる。この場合，to Prof. Yoshino のように前置詞 to を置く。

❸感情や心理を表す場合，日本語では「わくわくする」のように能動態で表すが，英語では受動態で表現する。

語順 BOX	S（だれが）	V（～する）	M
	The students	were really excited	at the wonderful news.
	学生たちは	本当にわくわくした	そのすばらしいニュースに

●「心理」を表す受動態

be concerned about ...（…を心配する），be disappointed with ...（…に失望する），be impressed with ...（…に感動する），be interested in ...（…に興味がある），be surprised at ...（…に驚く）など

基本例題 2. アメリカの人々は大谷翔平選手（Shohei Ohtani）のメジャーリーグでの成功に驚いています。

People in the U.S. _____ in the Major Leagues.

語順 V（驚いている） ➡ M（大谷翔平選手の成功に）

Target Sentences　次の日本語を英語に直して，基本例文の定着をはかろう。(各2点)

❶ このツアーに食事は含まれていません。

_____

❷ 吉野教授(Prof. Yoshino)はノーベル賞を受賞しました。

_____

❸ 学生たちはそのすばらしいニュースにとてもわくわくしました。

_____

---

1 日本語に合うように空所に適語を入れなさい。(各2点)

1. これらの古いピアノはプロの人によって修理されました。

These old pianos (　　　　) (　　　　) (　　　　) professionals.

2. プラスチックごみの問題はよく考えられるべきです。

The issue of (　　　　) waste should (　　　　) (　　　　) carefully.

3. 彼のふるまいにはがっかりしました。

I (　　　　) (　　　　) (　　　　) his behavior.

---

2 次の英文を完成させなさい。(1., 2.：各2点, 3., 4.：各4点)

1. その研究は数年間公開されませんでした。

The study (for / made / not / public / was) several years.

_____

2. I (impressed / performance / skating / was / with / Yuzuru Hanyu's).

_____

3. 私は自分のテストの成績に満足しています。

I _____.

語順　V(満足している)　➡　M(自分のテストの成績に)

4. この学校のほとんどの生徒は化学を教わっています。

_____

語順　S(この学校のほとんどの生徒は)　➡　V(教わっている)　➡　O(化学を)

Tips▶　「化学」chemistry

---

3 あなたが好きな日本の食べ物を紹介する英文を，受動態を使って書きなさい。(6点)

My favorite Japanese food is _____. _____

_____.

Tips▶　2文目を受動態とする。「〜するときに食べられる」などと表現するとよいでしょう。

「～すること」を表現する

A to-不定詞（名詞用法）
B to-不定詞（形式主語構文）

知識・技能：名詞の働きをする to-不定詞について理解する。
思考力・判断力・表現力：to-不定詞を用いて，活動に自分の評価・感想を加えることができる。

A 補語・目的語の働きをする「～すること」

❶ 私の夢は客室乗務員になることです。

My dream is **to become** a flight attendant.

❷ 真人（Masato）は日本文化に関する講義を行うことを計画しています。

Masato is planning **to give** a lecture on Japanese culture.

❶to-不定詞は，第2文型（S＋V＋C）の補語（C）の位置で「～すること」を意味する。

語順 BOX	S（何が）	V（…である）	C（どんなこと）
	My dream	is	**to become** a flight attendant.
	私の夢は	…である	客室乗務員になること

❷to-不定詞は，第3文型（S＋V＋O）の目的語（O）の位置で「～すること」を意味する。

語順 BOX	S（だれが）	V（～する）	O（何を）
	Masato	is planning	**to give** a lecture on Japanese culture.
	真人は	計画している	日本文化に関する講義を行うことを

●**目的語に to-不定詞をとる主な動詞**

begin（…を始める），decide（…を決定する），forget（…を忘れる），like（…を好む），manage（…をやり遂げる），plan（…を計画する），remember（…を覚えておく），try（…を試みる），want（…を欲する）

基本例題 1. しばらくの間リラックスしたいと思います。

（語順） S（私は） ➡ V（～したい） ➡ O（リラックスすることを） ➡ M（しばらくの間）

B 主語の働きをする「～すること」と形式主語構文

❸ 新しいことを学ぶことは大きな喜びです。

To learn something new is a great joy.

❹ プラスチックごみを減らすことは環境のために大切です。

It is important **to reduce** plastic waste for the environment.

❸to-不定詞は，主語の位置で「～することは」を意味する。主にかたい表現で使われる。

語順 BOX	S（何が）	V（…である）	C（どんなこと）
	To learn something new	is	a great joy.
	新しいことを学ぶことは	…である	大きな喜び

❹to-不定詞を主語にする場合，〈it is ... to-不定詞〉という形にして，主語が長くなるのを避けることが多い。

語順 BOX	S（形式主語）	V（…である）	C（どんな性質）	真主語	M
	It	is	important	**to reduce** plastic waste	for the environment.
		…である	大切な	プラスチックごみを減らすことは	環境のために

基本例題 2. 日本文化について学ぶのは必要なことです。

（語順） S（形式主語） ➡ V（…である） ➡ C（必要な） ➡ 真主語（日本文化について学ぶことは）

EXERCISES 🔟 「〜すること」を表現する　A to-不定詞（名詞用法）　B to-不定詞（形式主語構文）

Target Sentences　次の日本語を英語に直して，基本例文の定着をはかろう。（各2点）

❶ 私の夢は客室乗務員になることです。

_____

❷ 真人（Masato）は日本文化に関する講義を行うことを計画しています。

_____

❸ 新しいことを学ぶことは大きな喜びです。

_____

❹ プラスチックごみを減らすことは環境のために大切です。

_____

1 日本語に合うように空所に適語を入れなさい。（各2点）

1. 私の目標のひとつは海外で日本語を教えることです。

One of my goals (　　　　　) (　　　　　) (　　　　　) Japanese abroad.

2. 私はオーストラリアからの生徒の前で何とか自己紹介ができました。

I (　　　　　) (　　　　　) (　　　　　) myself in front of the students from Australia.

3. デジタル機器のない生活を想像するのは難しいです。

(　　　　　) is (　　　　　) to (　　　　　) life without digital devices.

2 次の英文を完成させなさい。（1., 2.：各2点，3., 4.：各3点）

1. 咲奈（Sana）は全国英語スピーチ大会に出場する決心をしました。

Sana（decided / enter / has / to）the national English speech contest.

_____

2. （a good idea / be / it / learn / may / to）about the history of Kyoto.

_____

3. 玄関のカギをかけるのを忘れないでね。

> 語順　V（忘れてはいけない）　➡　O（玄関のカギをかけることを）
> Tips▶　「玄関のカギをかける」lock the door

4. カナダではタクシー運転手にチップを渡すのはよくあることです。

> 語順　S（形式主語）　➡　V（…である）　➡　C（通常の）　➡　真主語（タクシー運転手にチップを渡すことは）　➡　M（カナダで）
> Tips▶　「…にチップを渡す」tip …

3 次の①〜③から活動をひとつ選び，評価・感想とともに英語で書きなさい。（6点）

To do リスト	評価・感想
① 世界一周旅行をすること	わくわくする，大切だ，驚きだ，簡単だ，
② 毎日運動すること	難しい，楽しい
③ テストの前の夜にぐっすり眠ること	

It is _____ to _____ .

名詞や動詞に説明を加える

A to-不定詞（形容詞用法）
B to-不定詞（副詞用法）

知識・技能：形容詞・副詞の働きをする to-不定詞について理解する。
思考力・判断力・表現力：to-不定詞を用いて，自分が取り組んでいることの目的を表現することができる。

A 名詞を修飾する「〜するための［べき］」を表す to-不定詞

❶ 私たちは今日やるべき仕事がたくさんあります。

We have a lot of jobs **to do** today.

❶to-不定詞は形容詞と同じように，名詞を修飾することができる。to-不定詞が名詞を修飾する場合，修飾される名詞は不定詞の意味上の目的語や主語になる。

語順 BOX	S（だれが）	V（〜する）	O（何を）	M	M
	We	have	a lot of jobs	**to do**	today.
	私たちは	もっている	たくさんの仕事を	やるべき	今日

🖋 a lot of jobs は to do の意味上の目的語になっている。

基本例題 1．このホテルは宿泊するための部屋を50室以上提供しています。

語順 S（このホテルは） ➡ V（提供している） ➡ O（50室以上を） ➡ M（宿泊するための）

B 動詞・形容詞を修飾する「〜するために」「…すると，〜」「〜して」を表す to-不定詞

❷ 健康を維持するために定期的に運動をするべきです。

You should get regular exercise **to stay** healthy.

❸ カーテンを開けると，流れ星が見えました。

I opened the curtains **to see** some shooting stars.

❹ あなたから返事をいただいてうれしいです。

I am happy **to receive** a reply from you.

❷to-不定詞は「〜するために」という目的を表し，副詞のように動詞を修飾する。

語順 BOX	S（だれが）	V（〜する）	O（何を）	M（目的）
	You	should get	regular exercise	**to stay** healthy.
	あなたは	行うべきだ	定期的な運動を	健康を維持するために

🖋 in order to 〜や so as to 〜を使うと，目的の意味が明確になる。

❸主節の動詞が to-不定詞の直接的な手段となっていない場合，to-不定詞は「…すると，〜」という結果を表す。

語順 BOX	S（だれが）	V（〜する）	O（何を）	M（結果）
	I	opened	the curtains	**to see** some shooting stars.
	私は	開けた	カーテンを	流れ星が見えた

🖋 たまたま流れ星が見えたのであって，流れ星を見ようと思ってカーテンを開けたのではないことを表す。

❹to-不定詞が形容詞を修飾して「〜して…だ」という感情の原因や判断の根拠を表す。

語順 BOX	S（だれが）	V（…である）	C（どんな状態）	M（原因）
	I	am	happy	**to receive** a reply from you.
	私は	…である	うれしい	あなたからの返事を受け取って

基本例題 2．哲也（Tetsuya）は最終電車を逃して悲しみました。

語順 S（哲也は） ➡ V（…であった） ➡ C（悲しい） ➡ M（最終電車を逃して）

Target Sentences　次の日本語を英語に直して，基本例文の定着をはかろう。（各2点）

❶ 私たちは今日やるべき仕事がたくさんあります。

_____

❷ 健康を維持するために定期的に運動をするべきです。

_____

❸ カーテンを開けると，流れ星が見えました。

_____

❹ あなたから返事をいただいてうれしいです。

_____

1　日本語に合うように空所に適語を入れなさい。（各2点）

1. 私は始発電車に間に合うように早起きをしました。

   I got up early （　　　　　）（　　　　　） the （　　　　　） train.

2. 睡眠はストレスをやわらげるためのよい方法です。

   Sleeping is a good way （　　　　　）（　　　　　）（　　　　　）.

3. その幼い男の子は大きくなってアメリカの大統領になりました。

   The young boy （　　　　　） up （　　　　　）（　　　　　） President of the United States.

2　次の英文を完成させなさい。（1., 2. : 各2点, 3., 4. : 各3点）

1. 電車にかさを忘れるなんて不注意でした。

   I （careless / leave / my / to / umbrella / was） on the train.

   _____

2. Carrie （done / has / things / to / solve / various） marine pollution problems.

   _____

3. 私たちは家庭ごみを減らすために努力しなければならない。

   語順　S（私たちは）　➡　V（しなければならない）　➡　O（努力を）　➡　M（家庭ごみを減らすために）

   Tips　「家庭ごみ」household garbage　「努力をする」make an effort

4. アンディ（Andy）は喜んで私の英語の宿題を手伝ってくれました。

   語順　S（アンディは）　➡　V（…であった）　➡　C（うれしい）　➡　M（私を手伝って）　➡　M（私の宿題に関して）

   Tips　「宿題を手伝う」help A with A's homework

3　あなたが頑張って取り組んでいることについて，その目的や目標を in order to 〜を使って書きなさい。

（6点）

I _____ in order to _____ .

Tips　学業なら「大学に入学する」get into [enter] university など，部活動なら「大会で優勝する」win a tournament などと表現しよう。

「～させる」などを表現する

A 知覚動詞・使役動詞＋O＋原形不定詞
B S＋V＋O＋to-不定詞

知識・技能：知覚動詞・使役動詞を使った表現や，S＋V＋O＋to-不定詞について理解する。
思考力・判断力・表現力：allow＋O＋to-不定詞を用いて，自分が許可してもらったことを表現できる。

A 知覚動詞・使役動詞と原形不定詞

❶ だれかが私の名前を呼ぶのが聞こえました。

I heard someone call my name.

❷ ボストンのワークショップで，私は自分の将来について考えさせられました。

The workshop in Boston **made me think** about my future.

❶〈知覚動詞＋O＋原形不定詞（動詞の原形）〉で，「Oが～するのを聞く[見る]」などの意味を表す。

語順 BOX	S（だれが）	V（～する）	O（だれを）	C（どんな状態）
	I	heard	someone	call my name.
	私は	聞こえた	だれかが	私の名前を呼ぶ

● **知覚動詞**

see / look at / watch（…を見る），hear / listen to（…を聞く），feel（…を感じる），notice（…に気づく）など

❷〈使役動詞＋O＋原形不定詞〉で，「Oに～させる」を表す。

語順 BOX	S（何が）	V（～する）	O（だれに）	C（どんな状態）
	The workshop in Boston	made	me	think about my future.
	ボストンのワークショップは	させた	私に	将来について考える

● **使役動詞**

make（（無理やり）Oに～させる），let（（望み通り）Oに～させる），have（（当然のことを）Oに～させる）など

> **基本例題** 1. 父は私をオーストラリアに留学させてくれました。
>
> _____ in Australia.
>
> 語順 S（父は） ➡ V（させてくれた） ➡ O（私に） ➡ C（留学する）

B S＋V＋O に続いて to-不定詞がくる場合

❸ 田村先生（Mr. Tamura）は私に宿題をすませるように言いました。

Mr. Tamura **told me to finish** my homework.

❸〈tell＋O＋to-不定詞〉で，「Oに～するように言う」を表す。to-不定詞の意味上の主語は直前のOである。

語順 BOX	S（だれが）	V（～する）	O（だれに）	to-不定詞（～するように）
	Mr. Tamura	told	me	to finish my homework.
	田村先生は	言った	私に	宿題を終わらせるように

● **S＋V＋O＋to-不定詞に用いられる動詞**

伝達を表す動詞：advise（助言する），ask（頼む），recommend（推薦する），tell（命じる）など
許可や強制を表す動詞：allow（許す），enable（可能にする），force（強制する）など
願望を表す動詞：want（Oに～してもらいたい），wish（Oが～するように願う）など

> **基本例題** 2. 私はいつもビリー（Billy）に自分の英語をチェックしてもらうように頼みます。
>
> 語順 S（私は） ➡ V（いつも頼む） ➡ O（ビリーに） ➡ to-不定詞（私の英語をチェックするように）

EXERCISES 12 「〜させる」などを表現する A 知覚動詞・使役動詞＋O＋原形不定詞 B S＋V＋O＋to-不定詞

> **Target Sentences**　次の日本語を英語に直して，基本例文の定着をはかろう。(各2点)
>
> ❶ だれかが私の名前を呼ぶのが聞こえました。
>
> _____
>
> ❷ ボストンのワークショップで，私は自分の将来について考えさせられました。
>
> _____
>
> ❸ 田村先生(Mr. Tamura)は私に宿題をすませるように言いました。
>
> _____

1 日本語に合うように空所に適語を入れなさい。(各2点)

1. 通りの向こう側で真友(Mayu)が手を振ったのを見ました。

   I (　　　　　　) Mayu (　　　　　　) her hands from across the street.

2. あなたのスケジュールについて知らせてくださいませんか。

   Could you (　　　　　　) me (　　　　　　) about your schedule?

3. 私はあなたに正直になってほしい。

   I (　　　　　　) you (　　　　　　) (　　　　　　) honest.

2 次の英文を完成させなさい。(1., 2.：各2点，3., 4.：各4点)

1. 私は弟に荷物を部屋まで運んでもらいました。

   I (carry / had / my baggage / my brother / to) my room.

   _____

2. I (advised / a pair of leather shoes / buy / Tetsuro / to) in Italy.

   _____

3. 私はサラ(Sarah)に駅まで車で送ってくれるよう頼みました。

   _____ me to the station.

   (語順) S(私は) ➡ V(頼んだ) ➡ O(サラに) ➡ to-不定詞(車で送るように)

   Tips▶ 「Oを車で…に送る」drive＋O＋to …

4. 阿部先生(Ms. Abe)は自分の生徒にたくさんのことを経験してほしいと思っています。

   _____

   (語順) S(阿部先生は) ➡ V(〜してほしい) ➡ O(彼女の生徒に) ➡ to-不定詞(たくさんのことを経験する)

3 あなたが親や先生に許可してもらったことを，allow＋O＋to-不定詞を使って書きなさい。(6点)

   _____

   Tips▶ 許可してくれた人(親，先生)を主語にして表現しましょう。

動詞を名詞のように使う①

A 動名詞
B 動名詞と to-不定詞

知識・技能：動名詞や，動名詞と to-不定詞の使い分けについて理解する。
思考力・判断力・表現力：動名詞を用いて，自分が経験したことを表現できる。

A 主語・補語・目的語の働きをする動名詞

❶ 日本では温泉でゆっくりすることが人気です。

Relaxing in hot springs is popular in Japan.

❶動名詞は動詞を〈動詞の原形＋～ing〉の形にしたもので，「～すること」という名詞の働きをして，文のS（主語），C（補語），O（目的語）になることができる。

語順 BOX	S（何が）	M	V（…である）	C（どんな状態）	M
	Relaxing	in hot springs	is	popular	in Japan.
	ゆっくりすることは	温泉で	…である	人気な	日本で

基本例題 1. 直美（Naomi）は庭で読書を楽しみました。

_____ in the garden.

語順 　S（直美は）　➡　V（楽しんだ）　➡　O（本を読むことを）

B 動名詞の「～すること」と to-不定詞の「～すること」

❷ 私は子供のときにディズニーランドを訪れたことを覚えています。

I remember **visiting** Disneyland when I was a child.

❸ カナダは2015年に25,000人のシリアの人々を受け入れることを決定しました。

Canada decided **to accept** 25,000 people from Syria in 2015.

❷動名詞は「事実」を指向し，to-不定詞は「未来」を指向する傾向にある。remember は動名詞と結びつくと「～したこと（事実）を覚えている」，to-不定詞と結びつくと「～すること（未来）を覚えておく」を意味する。

語順 BOX	S（だれが）	V（～する）	O（何を）	M
	I	remember	**visiting** Disneyland	when I was a child.
	私は	覚えている	ディズニーランドを訪れたことを	私が子供のときに

●**動名詞と to-不定詞のどちらを目的語にとるかによって意味の変わる動詞**
forget ～ing / to-不定詞（～したことを忘れる／～することを忘れる），regret ～ing / to-不定詞（～したことを後悔する／～するのを残念に思う），try ～ing / to-不定詞（試しに～してみる／～しようとする）

❸decide（決定する）などの動詞は，これから行動することを表すので，動名詞ではなく to-不定詞と結びつく。

語順 BOX	S（何が）	V（～する）	O（何を）	M	M
	Canada	decided	**to accept** 25,000 people	from Syria	in 2015.
	カナダは	決定した	25,000人を受け入れることを	シリアから	2015年に

●**to-不定詞のみを目的語にとる動詞**
agree（…に賛成する），promise（…を約束する），plan（…を計画する），refuse（…を断る）など

●**動名詞のみを目的語にとる動詞**
avoid（…を避ける），enjoy（…を楽しむ），finish（…を終える），give up（…をやめる），practice（…を練習する），put off（…を延期する）など

基本例題 2. ハリー（Harry）は紅茶に砂糖を入れるのを忘れました。

_____ in his tea.

語順 　S（ハリーは）　➡　V（忘れた）　➡　O（砂糖を入れることを）

Target Sentences 次の日本語を英語に直して，基本例文の定着をはかろう。(各2点)

❶ 日本では温泉でゆっくりすることが人気です。

_____

❷ 私は子供のときにディズニーランドを訪れたことを覚えています。

_____

❸ カナダは2015年に25,000人のシリアの人々を受け入れることを決定しました。

_____

---

1 日本語に合うように空所に適語を入れなさい。(各2点)

1. 私たちは先生が教室に入ってきたときにおしゃべりをやめた。

We (　　　　　) (　　　　　　　) when our teacher came into the classroom.

2. エミリー(Emily)はプラダとの契約書にサインするのを断った。

Emily (　　　　　) (　　　　　　) (　　　　　　) a contract with Prada.

3. スタークさん(Mr. Stark)はプライベートジェットを購入する計画をしています。

Mr. Stark is (　　　　　) (　　　　　) (　　　　　　) a private jet.

2 次の英文を完成させなさい。(1., 2.：各2点, 3., 4.：各4点)

1. 私はオーストラリアであたたかい歓迎を受けたことを決して忘れません。

I will (a / forget / never / receiving / warm / welcome) in Australia.

_____

2. Yuya's dream (a / actor / becoming / is / successful) in Hollywood.

_____

3. 私はホーキング博士(Prof. Hawking)に会うチャンスを逃したことを後悔している。

_____ to meet Prof. Hawking.

語順 S(私は) ➡ V(後悔している) ➡ O(チャンスを逃したことを)

Tips▶ 「〜するチャンスを逃す」 miss the chance to 〜

4. 適度な運動をすることは健康を保つためのよい方法です。

_____

語順 S(適度な運動をすることが) ➡ V(…である) ➡ C(よい方法) ➡ M(健康を保つための)

Tips▶ 「適度な運動をする」 get moderate exercise

3 「〜したことを覚えている」という表現を使って，あなたが覚えている思い出をひとつ書きなさい。(6点)

_____

Lesson 14 動詞を名詞のように使う②

A B 動名詞を含む慣用表現

知識・技能：動名詞を含む慣用表現について理解する。

思考力・判断力・表現力：動名詞を含む慣用表現を用いて，自分が楽しみにしていることを表現できる。

A 動名詞を含む慣用表現

❶ 私たちの写真を撮ってもらえませんか。

Would you mind taking our photo？

❷ 私はその古いギターを処分する気にならない。

I don't **feel like throwing** away the old guitar.

❶Would you mind ～ing? は「～してもらえませんか」を表す慣用表現。

語順 BOX	助動詞(～か)	S(だれが)	V(～する)	O(何を)
	Would	**you**	**mind**	**taking** our photo？
	～するか	あなたは	嫌だと思う	私たちの写真を撮ることを

🔊 了承する場合は Not at all. や Of course not. と答える。Yes, I would (mind). は了承しないことになる。

❷feel like ～ing は「～したい気がする」を表す慣用表現。

語順 BOX	S(だれが)	V(～する)	O(何を)
	I	don't **feel like**	**throwing** away the old guitar.
	私は	～する気にならない	古いギターを捨てることを

●動名詞を使った慣用表現

be worth ～ing(～する価値がある)，cannot help ～ing(～せずにはいられない)，it is no use ～ing(～しても無駄だ)，there is no ～ing(～することはできない)

基本例題 1. 私は彼女の健康を心配せずにはいられませんでした。

_____ about her health.

(語順) S(私は) ➡ V(～せずにはいられなかった) ➡ O(心配することを)

B to の後に動名詞が続く慣用表現

❸ もうすぐあなたに会えることを楽しみにしています。

I am **looking forward to seeing** you soon.

❸look forward to ～ing は「～することを楽しみにしている」を表す慣用表現。

語順 BOX	S(だれが)	V(～する)	O(何を)	M
	I	am **looking forward to**	**seeing** you	soon.
	私は	楽しみにしている	あなたに会えることを	もうすぐ

●to の後に動名詞を続ける慣用表現

be used to ～ing(～することに慣れている)，get used to ～ing(～することに慣れる)，What do you say to ～ing?(～したらどうですか)，object to ～ing(～することに反対する)

🔊 be [get] used to ～ing は used to＋動詞の原形と間違えないように注意する。

例 私は仕事の後よくテニスをしたものだった。 I **used to play** tennis after work.

基本例題 2. メアリー(Mary)は早起きをすることに慣れていなかった。

(語順) S(メアリーは) ➡ V(…であった) ➡ C(慣れていない) ➡ M(早起きをすることに)

Target Sentences　次の日本語を英語に直して，基本例文の定着をはかろう。(各2点)

❶ 私たちの写真を撮ってもらえませんか。

_____

❷ 私はその古いギターを処分する気にならない。

_____

❸ もうすぐあなたに会えることを楽しみにしています。

_____

1 日本語に合うように空所に適語を入れなさい。(各2点)

1. 新婚旅行にイングランドに行くのはどうですか。

(　　　　) do you (　　　　) to (　　　　) to England for your honeymoon?

2. ドアを閉めてもらえませんか。

(　　　) (　　　) (　　　) (　　　) the door?

3. 松村先生(Ms. Matsumura)はその小さな子供に笑みがこぼれた。

Ms. Matsumura (　　　) (　　　) (　　　) at the little kid.

2 次の英文を完成させなさい。(1., 2.：各2点, 3., 4.：各4点)

1. 自分のまわりの人々について不満を言っても無駄である。

(about / complaining / is / it / no / use) people around you.

_____

2. (car / is / old / repairing / this / worth) over and over.

_____

3. 京子(Kyoko)と私はそのコンサートに行くことを楽しみにしています。

Kyoko and I _____ .

語順　　V(楽しみにしている)　➡　O(そのコンサートに行くことを)

4. 今晩は外出する気にはなれません。

_____

語順　S(私は)　➡　V(〜する気にならない)　➡　O(外出する)　➡　M(今晩)

3 あなたはオーストラリアにいる友達のリサとチャットメッセージのやりとりをしています。最後のあなたのメッセージを完成させなさい。(6点)

You :　Lisa, I've heard that you are coming to Japan next month!

Lisa :　Yes, my father will go on a business trip to Japan and I will go with him this time.　Do you have time to see me?

You :　Of course, I'm _____ and _____ .

Tips▶　「あなたに会えることを楽しみにしている」ということと，もうひとりリサと会って何をすることを楽しみにしているか想像して表現してみましょう。

/30　29

名詞をくわしく説明する

知識・技能：分詞の限定用法について理解する。

思考力・判断力・表現力：分詞の限定用法を用いて，身のまわりのものに説明を加えることができる。

A 現在分詞の前置修飾と後置修飾

❶ 私の祖父は昇る太陽を拝むのが好きです。

My grandfather likes to worship the **rising** sun.

❷ 海でサーフィンをしている男性は堀さん（Mr. Hori）です。

The man **surfing on the sea** is Mr. Hori.

❶現在分詞が単独で名詞を修飾する場合，名詞の前に置いて「〜している…」を表すことができる。

語順 BOX	S（何が）	V（〜する）	O（何を）
	My grandfather	likes	to worship the **rising** sun.
	私の祖父は	好きだ	昇る太陽を拝むことを

❷現在分詞が他の語句をともなって名詞を修飾する場合，名詞の後ろに置く。

語順 BOX	S（だれが）	M	V（…である）	C（どんなもの）
	The man	**surfing on the sea**	is	Mr. Hori.
	男性は	海でサーフィンをしている	…である	堀さん

基本例題 1．私は東京に行くバスに乗りました。

語順 S（私は） ➡ V（乗った） ➡ O（バスに） ➡ M（東京に行く）

B 過去分詞の前置修飾と後置修飾

❸ 先進国は環境問題の解決に努めるべきです。

Developed countries should try to solve environmental problems.

❹ 『はらぺこあおむし』はエリック・カール（Eric Carle）によって書かれた絵本です。

The Very Hungry Caterpillar is a picture book **written by Eric Carle**.

❸過去分詞が単独で名詞を修飾する場合，名詞の前に置いて「〜される…」を表すことができる。

語順 BOX	S（だれが）	V（〜する）	O（何を）
	Developed countries	should try	to solve environmental problems.
	先進国は	努力するべきだ	環境問題を解決することを

❹過去分詞が他の語句をともなって名詞を修飾する場合，名詞の後ろに置く。

語順 BOX	S（何が）	V（…である）	C（どんなもの）	M
	The Very Hungry Caterpillar	is	a picture book	**written by Eric Carle.**
	『はらぺこあおむし』は	…である	絵本	エリック・カールによって書かれた

基本例題 2．バート（Bart）は中古車を買うつもりです。

語順 S（バートは） ➡ V（買うつもりです） ➡ O（中古車を）

Target Sentences 次の日本語を英語に直して，基本例文の定着をはかろう。(各2点)

❶ 私の祖父は昇る太陽を拝むのが好きです。

_____

❷ 海でサーフィンをしている男性は堀さん(Mr. Hori)です。

_____

❸ 先進国は環境問題の解決に努めるべきです。

_____

❹ 『はらぺこあおむし』はエリック・カール(Eric Carle)によって書かれた絵本です。

_____

1 日本語に合うように空所に適語を入れなさい。(各2点)

1. 母は沸騰している湯をティーポットに入れました。

My mother put (　　　　　) (　　　　　) in a tea pot.

2. 私の授業をとっている学生はレポートを提出しなければなりません。

(　　　　　) (　　　　　) (　　　　　) my class must hand in a report.

3. 割れたグラスに注意してください。

Be (　　　　　) with the (　　　　　) (　　　　　).

2 次の英文を完成させなさい。(1., 2.：各2点，3., 4.：各3点)

1. フランスで作られるワインは世界的に有名です。

(are / France / in / made / the wines / world-famous).

_____

2. (abroad / amazing / an / is / opportunity / studying) to experience different cultures.

_____

3. 私は昨日，フランス語で書かれたガイドブックを買いました。

_____ yesterday.

語順 S(私は) ➡ V(買った) ➡ O(ガイドブックを) ➡ M(フランス語で書かれた)

4. この地域に生息している動物は人に慣れています。

_____

語順 S(動物は) ➡ M(この地域に生息している) ➡ V(…である) ➡ C(慣れている) ➡ M(人に)

3 次の文の波線部に，あなたの身のまわりのものや地域の特産品などを入れて，「これは…で作られている〜です」という意味の英文を完成させなさい。(6点)

This is ~~~~~~~~~~~~~~~~ _____ .

Tips▶ 「(場所)で作られている〜」，「(素材)でできている〜」のように表現しましょう。

名詞を後ろから説明する①

知識・技能：関係代名詞について理解する。

思考力・判断力・表現力：関係代名詞を用いて，人物を紹介することができる。

Ⓐ 節中で主語の働きをする関係代名詞

❶ トニー・スターク（Tony Stark）はすべてを持っている男です。

Tony Stark is **a man who** has everything.

❶関係代名詞 who を使って，Tony Stark is a man. の a man に，He has everything という説明を後ろから加えることができる。説明を加えられる名詞（先行詞）は，節中の has の主語になる。

語順 BOX	S（だれが）	V（…である）	C（どんなもの）	M（関係代名詞節）
	Tony Stark	is	a man	who has everything.
	トニー・スタークは	…である	男	すべてを持っている

先行詞が「人」ではなく「物」の場合は，関係代名詞は who ではなく which を用いる。また，先行詞が「人」か「物」かにかかわらず that が使われることも多い。

例 彼らは築100年の大きな家に住んでいます。

They live in **a big house which** [**that**] is 100 years old.

基本例題 1．京都は長い歴史がある街です。

語順 S（京都は） ➡ V（…である） ➡ C（街） ➡ M（関係代名詞節：長い歴史を持っている）

Ⓑ 節中で目的語の働きをする関係代名詞

❷ 私たちは自分たちが尊敬する人に従うべきです。

We should follow **someone who** we respect.

❸ これは昨日私があなたに話した本です。

This is **the book which** I told you **about** yesterday.

❷関係代名詞 who [whom]を使って，We should follow someone. の someone に，We respect him [her]. という説明を後ろから加えることができる。説明を加えられる名詞（先行詞）は，節中の respect の目的語になる。

語順 BOX	S（だれが）	V（〜する）	O（だれに）	M（関係代名詞節）
	We	should follow	someone	who [whom] we respect.
	私たちは	従うべきだ	だれかに	私たちが尊敬する

この用法の関係代名詞は，先行詞の後ろが S＋V と続く場合はふつう省略されることがある。

例 こちらがジョン・レノンが弾いたピアノです。 This is the piano John Lennon played.

❸関係代名詞は前置詞の目的語になることもできる。かたい表し方では前置詞は関係代名詞の前に置かれる。

語順 BOX	S（何が）	V（…である）	C（どんなもの）	M（関係代名詞節）
	This	is	the book	which I told you about yesterday.
	これが	…である	本	私が昨日あなたに話した

基本例題 2．父がいれるコーヒーは本当においしいです。

語順 S（コーヒーは） ➡ M（関係代名詞節：父が作る） ➡ V（…である） ➡ C（本当においしい）

Target Sentences 次の日本語を英語に直して，基本例文の定着をはかろう。（各2点）

❶ トニー・スターク（Tony Stark）はすべてを持っている男です。

_____

❷ 私たちは自分たちが尊敬する人に従うべきです。

_____

❸ これは昨日私があなたに話した本です。

_____

---

1 日本語に合うように空所に適語を入れなさい。（各2点）

1. カズオ・イシグロ（Kazuo Ishiguro）は世界中の人々に人気のある作家のひとりです。

   Kazuo Ishiguro is an author (   ) (   ) (   ) among people around
   the world.

2. iPhoneはだれでも簡単に使うことができる端末です。

   The "iPhone" is a device (   ) everyone (   ) (   ) easily.

3. 私たちが住む環境を保護しなければなりません。

   We should protect the environment (   ) we live (   ).

2 次の英文を完成させなさい。（1., 2. : 各2点, 3., 4. : 各4点）

1. 私は，私たちの会社で働いてくれる人を見つける必要があります。

   I need（can / find / someone / to / who / work）at our company.

   _____

2. The couple（live / me / next door / to / who）are always taking care of their garden.

   _____

3. ローマは私が訪れたことのある都市のひとつです。

   Rome is _____ .

   語順　C（都市のうちのひとつ）　➡　M（関係代名詞節：私が訪れたことのある）

4. 私たちがいっしょに見た景色は，けっして色あせることはないでしょう。

   _____

   語順　S（景色は）　➡　M（関係代名詞節：私たちがいっしょに見た）　➡　V（けっして色あせないだろう）
   Tips ▶　「色あせる」fade away

3 あなたの好きな有名人を紹介する英文を，関係代名詞を使って書きなさい。（6点）

Let me introduce _____ .（He / She）is _____

_____ .

Tips ▶　2文目を関係代名詞を使った文としましょう。

/30　33

Lesson 17 名詞を後ろから説明する②

A 関係副詞
B 関係副詞，関係代名詞 what

知識・技能：関係副詞，関係代名詞 what について理解する。
思考力・判断力・表現力：関係代名詞 what を用いて，自分が訪れた場所について説明することができる。

A 「場所」「時」「理由」を説明する関係副詞

❶ お好み焼きを楽しめるよいレストランをいくつか知っています。

I know **some good restaurants where** you can enjoy *okonomiyaki*.

❷ あなたにはじめて会った日のことをけっして忘れないでしょう。

I will never forget **the day when** I first met you.

❸ あなたは遅刻した理由を説明するべきです。

You should explain **the reason why** you were late.

❶関係副詞の where は，先行詞の場所を表す語句（some good restaurants）を説明する。

語順 BOX	S（だれが）	V（〜する）	O（何を）	M（関係副詞節）
	I	know	**some good restaurants**	**where** you can enjoy *okonomiyaki*.
	私は	知っている	いくつかのよいレストランを	お好み焼きを楽しめる

❷関係副詞の when は，先行詞の時を表す語句（the day）を説明する。

語順 BOX	S（だれが）	V（〜する）	O（何を）	M（関係副詞節）
	I	will never forget	**the day**	**when** I first met you.
	私は	けっして忘れないでしょう	日を	私がはじめてあなたに会った

❸関係副詞の why は，先行詞の理由を表す語句（the reason）を説明する。

語順 BOX	S（だれが）	V（〜する）	O（何を）	M（関係副詞節）
	You	should explain	**the reason**	**why** you were late.
	あなたは	説明するべきだ	理由を	あなたが遅刻した

基本例題 1. 私は小学校に入学した日のことを覚えています。

（語順） S（私は） ➡ V（覚えている） ➡ O（日を） ➡ M（関係副詞節：小学校に入学した）

B 「方法」を説明する関係副詞と，「〜すること[もの]」を表す関係代名詞 what

❹ 人はあなたが言うことではなく，あなたのふるまいを信用します。

People trust not **what you say** but **how you behave**.

❹関係代名詞 what は，先行詞（the thing）を含んだ関係代名詞で，「〜すること」という名詞節を作る。関係副詞 how は，先行詞（the way）を含んだ関係副詞で，「どうやって〜するか」という名詞節を作る。

語順 BOX	S（だれが）	V（〜する）	O（何を：関係代名詞節）	接続詞	O（何を：関係副詞節）
	People	trust	not **what you say**	but	**how you behave**.
	人々は	信用する	あなたが言うことではなく	むしろ	あなたのふるまい方を

関係副詞 how の代わりに the way を使ってもよいが，×the way how ... とはしない。

基本例題 2. これは私が昨日買ったものです。

（語順） S（これは） ➡ V（…である） ➡ C（関係代名詞節：私が昨日買ったもの）

Target Sentences 次の日本語を英語に直して，基本例文の定着をはかろう。(各2点)

❶ お好み焼きを楽しめるよいレストランをいくつか知っています。

_____

❷ あなたにはじめて会った日のことをけっして忘れないでしょう。

_____

❸ あなたは遅刻した理由を説明するべきです。

_____

❹ 人はあなたが言うことではなく，あなたのふるまいを信用します。

_____

1 日本語に合うように空所に適語を入れなさい。(各2点)

1. こちらが先週フレディ(Freddie)が滞在したホテルです。

   This is the hotel (　　　　　) Freddie (　　　　　) last week.

2. 私は自転車に乗れるようになった日のことを今も覚えています。

   I still remember the (　　　　　) (　　　　　) I learned to (　　　　　) a bicycle.

3. 私たちが今必要としているものは時間とお金です。

   (　　　　　) we (　　　　　) now (　　　　　) time and money.

2 次の英文を完成させなさい。(1., 2. : 各2点, 3., 4. : 各3点)

1. 私が英語を勉強する理由は，海外の人々とコミュニケーションをとることです。

   (English / I / learn / the reason / why) is to communicate with people abroad.

   _____

2. Can you (how / me / solved / tell / you) the math problem?

   _____

3. 京都は私が10歳まで暮らしていた街です。

   _____ until I was ten years old.

   語順 S(京都は) ➡ V(…である) ➡ C(街) ➡ M(関係副詞節：私が暮らした)

4. 私たちは自然環境のためにできることを考えるべきです。

   _____

   語順 S(私たちは) ➡ V(考えるべきだ) ➡ O(関係代名詞節：私たちが自然環境のためにできることを)

3 あなたがこれまでに訪れた場所を挙げ，そこで自分が感動したことや興味を持ったことを，「…に行ったとき，私が感動した[興味を持った]ことは〜だった」という形で書きなさい。(6点)

   When I went to _____, _____

   _____.

   Tips▶ 「…に感動する」be impressed with …

比較して差を表現する①

知識・技能：比較級，最上級について理解する。
思考力・判断力・表現力：自分の持ちものに，最上級を用いて情報を加えることができる。

Ⓐ 比較級の基本形

❶ 姉は父よりも背が高い。

My elder sister is **taller than** my father.

❷ 横浜の人口は神戸の人口よりも多い。

The population of Yokohama is **larger than that of** Kobe.

❶〈比較級＋than A〉は 2 つの対象を比べて，その間に差があることを表す形で「A より…」を表す。

語順 BOX	S（だれが）	V（…である）	C（どんな性質）	M
	My elder sister	is	**taller**	**than** my father.
	私の姉は	…である	背が高い	私の父より

❷比較の文では，比較する名詞のくり返しを避けるために that of ... を使う。比較するものが複数の場合は those of ... となる。

語順 BOX	S（何が）	V（…である）	C（どんな性質）	M
	The population of Yokohama	is	**larger**	**than that of** Kobe.
	横浜の人口は	…である	大きい	神戸のそれよりも

🔖 上の文では the population が that で置きかえられて，that of Kobe となっている。

基本例題 1. 本田先生(Mr. Honda)は松田先生(Ms. Matsuda)よりも年上です。

語順 S（本田先生は）➡ V（…である）➡ C（年上で）➡ M（松田先生より）

Ⓑ 最上級の基本形

❸ 東京スカイツリーは日本でいちばん高い塔です。

Tokyo Skytree is **the tallest** tower in Japan.

❸〈the＋最上級〉は 3 つ以上の対象の中で「いちばん…だ」「最も…だ」を表す。

語順 BOX	S（何が）	V（…である）	C（どんなもの）	M
	Tokyo Skytree	is	**the tallest** tower	in Japan.
	東京スカイツリーは	…である	いちばん高い塔	日本で

🔖 最上級の前に the second などの序数詞をつけると，「…番目に」を表すことができる。

例 ロサンゼルスはアメリカで 2 番目に大きな都市だ。

Los Angeles is **the second largest** city in the U.S.

基本例題 2. 信濃川(the Shinano River)は日本でいちばん長い川です。

語順 S（信濃川は）➡ V（…である）➡ C（いちばん長い川）➡ M（日本で）

EXERCISES 18 比較して差を表現する① A 比較級 B 最上級

Target Sentences 次の日本語を英語に直して，基本例文の定着をはかろう。(各2点)

❶ 姉は父よりも背が高い。

_____

❷ 横浜の人口は神戸の人口よりも多い。

_____

❸ 東京スカイツリーは日本でいちばん高い塔です。

_____

1 日本語に合うように空所に適語を入れなさい。(各2点)

1. 昨日，東京はここ10年でいちばん雪が降った。

   Yesterday, Tokyo had (　　　　　) (　　　　　) (　　　　　) in the last ten years.

2. その国では英語よりスペイン語のほうが一般的に使われている。

   In that country, Spanish is (　　　　　) commonly (　　　　　) (　　　　　) English.

3. 日本ではかつて，銀は金よりも価値があった。

   Silver was once (　　　　　) valuable (　　　　　) gold in Japan.

2 次の英文を完成させなさい。(1., 2.：各2点，3., 4.：各4点)

1. パリは世界で最も有名な都市のひとつです。

   Paris (cities / famous / is / most / of / one / the) in the world.

   _____

2. The ears (a rabbit / are / longer / of / of / than / those) a fox.

   _____

3. 友美(Tomomi)は私より上手に英語を話します。

   _____ than I do.

   語順 S(友美は) ➡ V(話す) ➡ O(英語を) ➡ M(上手に)

4. 約束を守ることが私の人生において最も大切なことです。

   _____

   語順 S(約束を守ることは) ➡ V(…である) ➡ C(最も大切なこと) ➡ M(私の人生で)

   Tips▶ 「約束を守る」 keep one's promise

3 あなたが持っているものの中で最も便利[大切]だと思うものを，最上級を使って書きなさい。(6点)

_____

Tips▶ 「私が持っているもの」 the thing (that) I have

Lesson 19 比較して差を表現する②

B 原級・比較級を用いた慣用表現

知識・技能：同等比較と倍数表現，比較表現について理解する。

思考力・判断力・表現力：比較級を使った慣用表現を用いて，アドバイスができる。

A 同等比較の基本形と，原級を用いた倍数表現

❶ 太郎（Taro）は私と同じくらい熱心に英語を勉強します。

Taro studies English **as** hard **as** I do.

❷ アフリカはアメリカ合衆国の約3倍の大きさです。

Africa is about **three times as** large **as** the U.S.A.

❶〈as＋原級＋as〉は2つの対象を比べて「同じくらい…だ」を表す。

語順 BOX	S（だれが）	V（〜する）	O（何を）	M	M
	Taro	studies	English	**as** hard	**as** I do.
	太郎は	勉強する	英語を	同じくらい熱心に	私がするのと

✎ 否定形は not as [so]＋原級＋as ... で，「…ほど〜ない」を表す。

❷〈X times as＋原級＋as ...〉は❶の〈as＋原級＋as〉の前に倍数表現を置いて，「…のX倍〜だ」を表す。

語順 BOX	S（何が）	V（…である）	C（どんな性質）	M
	Africa	is	about **three times as** large	**as** the U.S.A.
	アフリカは	…である	約3倍大きい	アメリカ合衆国の

✎ 差が2倍[半分]を表すときは〈twice [half] as＋原級＋as ...〉を使う。

基本例題 1．地球は月の約4倍の大きさだ。

語順 S（地球は） ➡ V（…である） ➡ C（約4倍大きい） ➡ M（月の）

B 原級・比較級を用いた慣用表現

❸ できるだけ早く連絡します。

I will contact you **as** soon **as possible**.

❹ 毎年，オンラインで学習する高校生が増えています。

More and more high school students study online every year.

❸〈as＋原級＋as possible [S can]〉で「できる限り…」を表す。

語順 BOX	S（だれが）	V（〜する）	O（だれに）	M
	I	will contact	you	**as** soon as **possible**.
	私は	連絡する	あなたに	できるだけ早く

❹〈比較級＋and＋比較級〉で「だんだん…」，「ますます…」を表す。

語順 BOX	S（だれが）		V（〜する）	M	M
	More and more high school students		study	online	every year.
	ますます多くの高校生が		勉強する	オンラインで	毎年

✎〈the＋比較級 ...，the＋比較級 〜〉で，「…であればあるほど，それだけますます〜だ」を表す。

基本例題 2．新聞を読む人が減っている。

語順 S（ますます少ない人々が） ➡ V（読む） ➡ O（新聞を）

Target Sentences 次の日本語を英語に直して，基本例文の定着をはかろう。(各2点)

❶ 太郎(Taro)は私と同じくらい熱心に英語を勉強します。

_____

❷ アフリカはアメリカ合衆国の約3倍の大きさです。

_____

❸ できるだけ早く連絡します。

_____

❹ 毎年，オンラインで学習する高校生が増えています。

_____

---

1 日本語に合うように空所に適語を入れなさい。(各2点)

1. チェスのルールは将棋のルールとほとんど同じくらい難しいです。

The rules of chess are (　　　　　) (　　　　　) difficult as (　　　　　) of *shogi*.

2. 紗香(Sayaka)はキャンパス内のどの学生にも劣らず人気があります。

Sayaka is (　　　　　) (　　　　　) as any student on campus.

3. アメリカは日本の約25倍の大きさです。

The United States is about 25 (　　　　　) (　　　　　) large (　　　　　) Japan.

2 次の英文を完成させなさい。(1., 2.：各2点, 3., 4.：各3点)

1. 若者は以前ほど読書をしません。

Young (as / as / don't / much / people / read) they used to.

_____

2. Some Japanese people (as / as / express / feelings / indirectly / their) possible.

_____

3. その水族館の入場者数は昨年の2倍です。

The number of the visitors to the aquarium _____.

　語順　　　　　　　　　　　　V(…である)　➡　C(2倍である)　➡　M(昨年の入場者数の)

4. SNSを使うことに慣れている人が増えています。

_____

　語順　S(ますます多くの人が)　➡　V(…である)　➡　C(慣れている)　➡　M(SNSを使うことに)

3 〈the＋比較級 …, the＋比較級 〜〉を使って，海外から日本に来た留学生へのアドバイスを書きなさい。

(6点)

_____

Tips▶ 「たくさんの日本人の友達を作るほど，日本での生活に慣れてくるでしょう。」などと表現しましょう。

Lesson 20 事実と異なることを想像して伝える①

A 仮定法過去
B 仮定法過去完了

知識・技能：仮定法過去，仮定法過去完了について理解する。
思考力・判断力・表現力：仮定法を用いて，仮定にもとづく願望を述べることができる。

A 仮定法過去の基本形

❶ もし自分の飛行機を持っていれば，世界中を旅行するのに。

If I **had** my own plane, I **would travel** around the world.

❶〈if＋主語＋動詞の過去形 …, 主語＋助動詞の過去形＋動詞の原形〉で，「もし…なら，～なのに」を表す。現在の事実とは異なることがらや，現実には起こりえない出来事について想像したりすることを表す。

語順 BOX	M（if-節）	S（だれが）	V（～する）	M
	If I **had** my own plane,	I	**would travel**	around the world.
	もし自分の飛行機を持っていれば	私は	旅行するだろう	世界中を

🔖 仮定法過去の if-節で be-動詞を使う場合は，主語の人称や単数・複数に関係なく were を使うことが多い。

例 もし私があなたの立場なら，高見先生(Ms. Takami)に相談するのですが。
If I **were** in your position, I **would consult** Ms. Takami.

基本例題 1. 雨でなければ，私たちは今からパーティーの準備を始めるのですが。

If it were not rainy, _____.
語順　　S（私たちは） ➡ V（始めるだろう） ➡ O（準備することを） ➡ M（パーティーのために）

B 仮定法過去完了の基本形

❷ もしパーティーに行っていれば，たくさんの人に会えたのに。

If I **had gone** to the party, I **would have met** many people.

❸ もし彼女と出会っていなければ，今のぼくはないでしょう。

If I **hadn't met** her, I **wouldn't be** what I am now.

❷〈if＋主語＋had＋過去分詞 …, 主語＋助動詞の過去形＋have＋過去分詞 ～〉で，「もし…だったら，～だったのに」を表す。過去の事実とは異なることがらについて想像したりすることを表す。

語順 BOX	M（if-節）	S（だれが）	V（～する）	O（だれに）
	If I **had gone** to the party,	I	**would have met**	many people.
	もし私がパーティーに行っていれば	私は	会っただろう	多くの人に

❸❶と❷を組み合わせて，if-節は過去の状況に反する内容を仮定して，主節で現在の事実に反することを述べることができる。

語順 BOX	M（if-節）	S（だれが）	V（…である）	C（どんなもの）
	If I **hadn't met** her,	I	**wouldn't be**	what I am now.
	もし私が彼女と出会っていなければ	私は	…ではないだろう	今の私

基本例題 2. コートを持って行っていたら，あなたは風邪をひかなかったかもしれません。

_____ if you had taken your coat.
語順　 S（あなたは） ➡ V（ひかなかったかもしれない） ➡ O（風邪を）

Target Sentences　次の日本語を英語に直して，基本例文の定着をはかろう。(各2点)

❶ もし自分の飛行機を持っていれば，世界中を旅行するのに。

_____

❷ もしパーティーに行っていれば，たくさんの人に会えたのに。

_____

❸ もし彼女と出会っていなければ，今のぼくはないでしょう。

_____

---

1 日本語に合うように空所に適語を入れなさい。(各2点)

1. 宝くじが当たったら，ドーナツ屋を始めるんだけどなあ。

If I (　　　　　) the lottery, I (　　　　　) (　　　　　) a doughnut shop.

2. もし今日インターネットがなければ，世の中はかなり異なっているのでしょう。

If we (　　　　　) have the Internet today, the world (　　　　　) (　　　　　) very different.

3. 高校生のときにもっと英語を熱心に勉強していたら，今もっと英語をうまく話せるのに。

If I (　　　　　) (　　　　　) English harder in my high school days, I (　　　　　) (　　　　　) it better now.

2 次の英文を完成させなさい。1., 2.はカンマをそれぞれ補うこと。(1., 2. : 各2点, 3., 4. : 各4点)

1. もし動物が私たちと話すことができるなら，彼らが何を考えているかわかるのですが。

If animals (could / know / talk / us / we / with / would) what they are thinking.

_____

2. If dinosaurs had not (died out / have / human beings / not / spread / would) out all over the world.

_____

3. もし私が今仕事中でなければ，あなたといっしょにビーチに行くのですが。

_____, I would go to the beach with you.

語順　M(if-節：もし私が今仕事中でなければ)

Tips　「仕事中」be at work

4. もし今日晴れていれば，洗車をするのですが。

_____

語順　M(if-節：もし今日晴れていれば)　➡　S(私は)　➡　V(洗うだろう)　➡　O(私の車を)

3 「もしタイムマシンがあれば」と仮定して，あなたが過去や未来に行ってしてみたいことを仮定法を使って書きなさい。(6点)

_____

Lesson 21 事実と異なることを想像して伝える②

A I wish ...
B 仮定法を使った慣用表現

知識・技能：仮定法を使った表現について理解する。
思考力・判断力・表現力：I wish ... を使って自分の願望を表すことができる。

A I wish ...

❶ 飼いネコと話ができればなあ。（実現不可能な願望）

I wish I could talk with my cat.

❶〈I wish＋(that)＋主語＋過去形 ...〉で，「…ならなあ」という現在の事実に反する願望を表す。この that は省略される。

語順 BOX	S（だれが）	V（〜する）	O（何を）
	I	wish	I could talk with my cat.
	私は	願う	私のネコと話せることを

🔖 〈I wish＋主語＋had＋過去分詞 ...〉で，「…だったらなあ」という過去の事実に反する願望を表す。

🔖 I hope ... は I wish ... とは異なり，実現する可能性があることを望む場合に使われ，節の中は仮定法ではなく直説法が用いられる。

例 またすぐに飛行機に乗れたらなあ。（実現可能な願望）

I hope I **can fly** again soon.

基本例題 1. 私がもっと若ければなあと思います。

_____

語順 S（私は） ➡ V（願う） ➡ O（私がもっと若いことを）

B 「…がなければ」と「まるで…のように」

❷ 父の助けがなければ，私はよい靴を見つけられないでしょう。

If it were not for my father's help, I **could** not **find** a nice pair of shoes.

❸ マイクは数学についてまるで何でも知っているかのように話します。

Mike talks **as if** he **knew** everything about mathematics.

❷ if it were not for ... で，「もし…がなければ」（仮定法過去）という意味を表す。

語順 BOX	M（if-節：もし…がなければ）	S（だれが）	V（〜する）	O（何を）
	If it were not for my father's help,	I	could not find	a nice pair of shoes.
	もし父の助けがなければ	私は	見つけられないでしょう	よい靴を

🔖 without ... や but for ... でも，「もし…がなければ」を表すことができる。

🔖 if it had not been for ... で，「もし…がなかったら」（仮定法過去完了）という意味を表す。

❸〈as if [as though]＋主語＋過去形 ...〉で，「まるで…であるかのように」という意味を表す。

語順 BOX	S（だれが）	V（〜する）	M（as if-節：まるで…であるかのように）
	Mike	talks	as if he knew everything about mathematics.
	マイクは	話す	数学についてまるで何でも知っているかのように

🔖 〈as if [as though]＋主語＋had＋過去分詞 ...〉で，「まるで…であったかのように」という意味を表す。

基本例題 2. あなたの助けがなければ，私のプレゼンテーションが成功することはないでしょう。

_____, my presentation wouldn't succeed.

語順 M（if-節：もしあなたの助けがなければ）

Target Sentences 次の日本語を英語に直して，基本例文の定着をはかろう。(各2点)

❶ 飼いネコと話ができればなあ。

_____

❷ 父の助けがなければ，私はよい靴を見つけられないでしょう。

_____

❸ マイクは数学についてまるで何でも知っているかのように話します。

_____

---

1 日本語に合うように空所に適語を入れなさい。(各2点)

1. 火星に旅行に行けたらなあ。

   I (　　　　　) I (　　　　　) travel to Mars.

2. あなたの助けがなければ，私たちはその計画を実行できないでしょう。

   (　　　　　) it (　　　　　) (　　　　　) for your help, we could not carry out the plan.

3. 真友子(Mayuko)は，まるで本物の写真のように見える絵を描くのが得意です。

   Mayuko is good at painting a picture that looks (　　　　　) (　　　　　) it (　　　　　)
   a real photo.

2 次の英文を完成させなさい。(1., 2.：各2点, 3., 4.：各4点)

1. 英単語をまるで化学記号のように暗記するのはたいへんです。

   It is hard to (as / English words / if / memorize / they / were) chemical symbols.

   _____

2. (for / if / it / not / the air / were), we could not live on the earth.

   _____

3. あなたが明日の試験に合格することを願っています。(実現可能な願望)

   _____ tomorrow's exam.

   語順 S(私は) ➡ V(願う) ➡ O(あなたが合格することを)
   Tips▶ 「試験に合格する」pass the exam

4. 1日が24時間以上あればなあ。

   _____

   語順 S(私は) ➡ V(願う) ➡ O(1日が24時間以上あることを)
   Tips▶ 「1日に24時間ある」have 24 hours a day

3 I wish ... を使って，あなたが考える実現不可能な願望を書きなさい。(6点)

   _____

主語の立て方を工夫する①

A 複数形，人称代名詞
B some，many など（数量表現）

知識・技能：総称表現，一般論の主語などについて理解する。
思考力・判断力・表現力：適切な主語を用いて，日常生活について一般論を述べることができる。

A 総称表現と一般論の主語

❶ スマートフォンは社会の中で重要な存在になりつつあります。

Smartphones are becoming an important part of society.

❷ 人々は天然資源が限られていることを自覚すべきです。

People should be aware that natural resources are limited.

❶総称表現：冠詞をつけない複数形で「…というもの」という総称を表す。

語順 BOX	S（何が）	V（～する）	C（どんなもの）
	Smartphones	are becoming	an important part of society.
	スマートフォンは	…になっている	社会の重要な存在

●総称表現のパターン

冠詞をつけない複数形：ある種類全体に一般的にあてはまることがらを述べる。
a [an] ＋単数名詞：名詞の種類や性質，定義を述べる。
the ＋単数名詞：他の種類との区別を意識し，その種類の代表的な特徴について述べる。

❷一般論の主語：people は世間一般の人々を表す。

語順 BOX	S（だれが）	V（…である）	C（どんな状態）	M
	People	should be	aware	that natural resources are limited.
	人々は	…であるべきだ	意識している	天然資源が限られていることを

●一般論の主語のパターン

You：だれにでもあてはまる一般論を述べる。　　We：自分を含むある集団について述べる。
People / They：世間一般の人々（they は話し手と聞き手を含まない一般的な人々）について述べる。

基本例題 1. 辞書は英語を勉強する際に役立ちます。

（語順） S（辞書は） ➡ V（…である） ➡ C（役に立つ） ➡ M（英語を勉強する際に）

B 「…な人がいる」の場合の主語

❸ 結婚しないと決めている人もいます。

Some people decide not to marry anyone.

❸some people ... で，「…な人がいる」を表すことができる。

語順 BOX	S（だれが）	V（～する）	O（何を）
	Some people	decide	not to marry anyone.
	一部の人々は	決める	だれとも結婚しないことを

🗨 many people ... とすると，「…な人が多くいる」を表すことができる。

例 スティーブの革新的な計画に多くの人が賛同した。

Many people agreed with Steve's innovative plan.

基本例題 2. あなたの考えに反対した人もいました。

（語順） S（一部の人々は） ➡ V（反対した） ➡ M（あなたの考えに）

Target Sentences 次の日本語を英語に直して, 基本例文の定着をはかろう。(各2点)

❶ スマートフォンは社会の中で重要な存在になりつつあります。

_____

❷ 人々は天然資源が限られていることを自覚すべきです。

_____

❸ 結婚しないと決めている人もいます。

_____

1 日本語に合うように空所に適語を入れなさい。(各2点)

1. 自動車は現代社会においてなくてはならないものです。

(   ) (   ) essential in modern society.

2. 日本の電車はいつも時間通りです。

(   ) in Japan (   ) always on time.

3. 地球温暖化の科学的根拠が十分ではないと考える人もいます。

(   ) (   ) believe there is not enough scientific evidence for global warming.

2 次の英文を完成させなさい。(1., 2.:各2点, 3., 4.:各4点)

1. 専門家の中には世界の環境が改善してきていると考える人がいます。

(think / some / specialists / that / the world's environment) is getting better.

_____

2. (do / need / not / people / say / some / that / we) paper dictionaries.

_____

3. そのショッピングセンターの建設計画は多くの人が支持しました。

_____ to build the shopping center.

語順 **S**(多くの人が) ➡ **V**(支持した) ➡ **O**(計画を)

4. 絵本は, ふつう子供向けに出版されるものです。

_____

語順 **S**(絵本は) ➡ **V**(ふつう出版される) ➡ **M**(子供のために)

Tips▶ 「絵本」picture book 「出版する」publish

3 High school students, Many high school students, Some high school students のいずれかを主語にして, 高校生活についての一般論や, 高校生によくあることを書きなさい。(6点)

_____

主語の立て方を工夫する②

Ａ There is [are] … / The number of …
Ｂ 日本語の主語と英語の主語

知識・技能：There-構文，数の大[小]と増[減]，主語の立て方について理解する。
思考力・判断力・表現力：身のまわりで増えている[減っている]ことを表現することができる。

Ａ There is [are] …，「多い」「少ない」や「増える」「減る」の表現

❶ その通りは交通量が多いです。

There is a lot of traffic on the street.

❷ 今月はその動物園の入場者数が減少しました。

The number of visitors to the zoo **has** dropped this month.

❶There is [are] … に続く名詞が実質的な主語であり，「…がある[いる]」を表す。単数形や不可算名詞が続くときは，動詞は is [was]など，可算名詞の複数形が続くときは are [were]などとする。

語順BOX	(there)	V(…である)	S(何が)	M
	There	**is**	a lot of traffic	on the street.
		…がある	たくさんの交通が	その通りに

❷主語の the number は単数形の名詞なので，動詞は is [was]などとする。

語順BOX	S(何が)	V(〜する)	M
	The number of visitors to the zoo	**has** dropped	this month.
	その動物園への入場者数は	減少した	今月

基本例題 1．フランスにはたくさんの観光地があります。

語順 there ➡ V(…がある) ➡ S(たくさんの観光地が) ➡ M(フランスに)

Ｂ 日本語の「…は」「…が」と英語の主語

❸ 今週は本当に忙しいです。

I am really busy **this week**.

❹ レイラ(Leila)は料理が得意ではありません。

Leila is not good **at cooking**.

❸「今週は」は話題の提示である。日本語の「…は」は英語の主語とは異なる場合がある。

語順BOX	S(だれが)	V(…である)	C(どんな状態)	M
	I	am	really busy	**this week**.
	私は	…である	本当に忙しい	今週は

❹「料理が」は「得意でない」の対象に当たり，文の主語ではない。

語順BOX	S(だれが)	V(…である)	C(どんな性質)	M
	Leila	is	not good	**at cooking**.
	レイラは	…である	得意ではない	料理が

✎ 能力「…が得意[下手]」，感情「…が好き[嫌い]」，可能「…ができる[わかる]」，所有・必要「…がある[いる]」，知覚「…が見える[聞こえる]」などの「…が」は，英語では動詞や前置詞の目的語で表現することが多い。

基本例題 2．昨日は家にいなければなりませんでした。

語順 S(私は) ➡ V(滞在しなければいけなかった) ➡ M(家に) ➡ M(昨日)

Target Sentences 次の日本語を英語に直して，基本例文の定着をはかろう。(各2点)

❶ その通りは交通量が多いです。

_____

❷ 今月はその動物園の入場者数が減少しました。

_____

❸ 今週は本当に忙しいです。

_____

❹ レイラ(Leila)は料理が得意ではありません。

_____

1 日本語に合うように空所に適語を入れなさい。(各2点)

1. そのパーティーでたくさん友達ができたのでうれしかったです。

I was (　　　　　) because I (　　　　　) so many (　　　　　) at the party.

2. 君の英作文には少し間違いがあります。

There (　　　　　) a (　　　　　) mistakes in your English composition.

3. この建物は現在立ち入り禁止です。

(　　　　　) (　　　　　) not allowed to (　　　　　) this building now.

2 次の英文を完成させなさい。(1., 2.：各2点, 3., 4.：各3点)

1. 男性に育児休暇の取得を推奨する会社は多くはありません。

There (are / companies / many / not / so / which) encourage men to take childcare leave.

_____

2. (continued / has / increase / since / the world population / to) the 19th century.

_____

3. 最近，一人暮らしをする若い人が増えています。

_____ these days.

語順　S(若い人の数が)　➡　M(一人暮らしをする)　➡　V(増えている)

4. この包丁の取り扱いには注意が必要です。

語順　S(あなたは)　➡　V(…であるべきだ)　➡　C(注意している)　➡　M(この包丁を使うときに)

Tips▶「包丁」kitchen knife

3 あなたの身のまわりでどんな人が増えているか[減っているか]を書きなさい。(6点)

_____

名詞の数や量を表現する

A 可算名詞と不可算名詞
B many, much, few, little（数量表現）

知識・技能：可算名詞と不可算名詞，数量表現について理解する。
思考力・判断力・表現力：名詞を適切に使って，状況を描写することができる。

A 可算名詞と不可算名詞

❶ 家事を手伝ってくれませんか。

Could you help me with **the housework**？

❶「家事」は不可算名詞の the housework で，複数形の-(e)s や不定冠詞 a [an]をつけない。

語順BOX	助動詞（〜か）	S（だれが）	V（〜する）	O（だれを）	M
	Could	you	help	me	with **the housework**？
	〜できるか	あなたが	手伝う	私を	家事を

●不可算名詞

抽象名詞：advice（助言），beauty（美），evidence（証拠），homework（宿題），information（情報），knowledge（知識），peace（平和），room（余地），silence（静寂），speech（言論），weather（天候）など

物質名詞：air（空気），meat（肉），oil（油），money（金），stone（石），water（水），wood（木材）など

基本例題 1. 父は私にいくつか役に立つアドバイスをしてくれました。

語順 S（私の父は） ➡ V（与えた） ➡ O（私に） ➡ O（いくつかの役に立つアドバイスを）

B 名詞の数量を表す形容詞

❷ その新しいレストランの情報はあまりありません。

We don't have **much information** about the new restaurant.

❸ このホールにはほんの数人しかいません。

There are just **a few people** in this hall.

❷不可算名詞（information）の「多い」「少ない」は much / a little で表す。

語順BOX	S（だれが）	V（〜する）	O（何を）
	We	don't have	**much information** about the new restaurant.
	私たちは	持っていない	新しいレストランについての多くの情報を

❸可算名詞の「多い」「少ない」は many / a few で表す。可算名詞のうち，people は常に複数扱いをする集合名詞である。

語順BOX	(there)	V（…である）	S（だれが）	M
	There	are	just **a few people**	in this hall.
		…がいる	ほんの数人が	このホールに

🔖 集合名詞の中でも，furniture（家具），jewelry（宝石類），baggage [luggage]（荷物類），machinery（機械類）などは不可算名詞として扱われ，必ず単数形で表す。

🔖 数量が少ないことを little / few で表すと，「ほとんどない」という否定的な意味になる。

基本例題 2. あなたに少し質問をしてもいいですか。

語順 助動詞（〜できるか） ➡ S（私は） ➡ V（たずねる） ➡ O（あなたに） ➡ O（少しの質問を）

Target Sentences 次の日本語を英語に直して，基本例文の定着をはかろう。（各2点）

❶ 家事を手伝ってくれませんか。

＿＿＿＿＿＿＿＿＿＿＿＿＿＿＿＿＿＿＿＿＿＿＿＿＿＿＿＿＿＿＿＿＿＿

❷ その新しいレストランの情報はあまりありません。

＿＿＿＿＿＿＿＿＿＿＿＿＿＿＿＿＿＿＿＿＿＿＿＿＿＿＿＿＿＿＿＿＿＿

❸ このホールにはほんの数人しかいません。

＿＿＿＿＿＿＿＿＿＿＿＿＿＿＿＿＿＿＿＿＿＿＿＿＿＿＿＿＿＿＿＿＿＿

---

1 日本語に合うように空所に適語を入れなさい。（各2点）

1. 今日はあまり宿題がありません。

   I don't (　　　　　) (　　　　　) (　　　　　) today.

2. その計画には大いに改善の余地があります。

   There (　　　　　) much (　　　　　) for improvement in the plan.

3. ポール(Paul)にはファッションについての知識はほとんどありません。

   Paul has (　　　　　) (　　　　　) about fashion.

2 次の英文を完成させなさい。（1., 2.：各2点, 3., 4.：各4点）

1. 昨日，この通りは車がほとんど通っていませんでした。

   (cars / few / on / street / there / this / were) yesterday.

   ＿＿＿＿＿＿＿＿＿＿＿＿＿＿＿＿＿＿＿＿＿＿＿＿＿＿＿＿＿＿＿＿＿＿

2. The company (great / has / in / made / progress) gender diversity.

   ＿＿＿＿＿＿＿＿＿＿＿＿＿＿＿＿＿＿＿＿＿＿＿＿＿＿＿＿＿＿＿＿＿＿

3. 私たちは毎日大量の水を消費します。

   ＿＿＿＿＿＿＿＿＿＿＿＿＿＿＿＿＿＿＿＿＿＿＿＿＿ every day.

   (語順) S（私たちは） ➡ V（消費する） ➡ O（大量の水を）
   (Tips) 「…を消費する」consume

4. この家具は場所をとりすぎます。

   ＿＿＿＿＿＿＿＿＿＿＿＿＿＿＿＿＿＿＿＿＿＿＿＿＿＿＿＿＿＿＿＿＿＿

   (語順) S（この家具は） ➡ V（…を占める） ➡ M（あまりに多くの空間を）
   (Tips) 「（場所など）を占める」take up …

3 イラストの内容を英語1文で描写しなさい。（6点）

   (Tips) 「学期末に」at the end of the term 「…を持って帰る」take … home

動作や文に説明を副（そ）える

知識・技能：副詞の働きについて理解する。

思考力・判断力・表現力：頻度を表す副詞を使って，自分の余暇の過ごし方を表現できる。

A 動詞＋副詞で豊かな表現を作る

❶ エミリー（Emily）がだれかの悪口を言うことはめったにありません。

Emily rarely says bad things about anyone.

❶rarely は回数や頻度に関して「めったにない」という否定の意味を表す。副詞の意味は様態，頻度，程度，時，場所，確信の度合いがあり，動詞といっしょに使うことで動作に説明を加えることができる。

語順 BOX	S（だれが）	M	V（〜する）	O（何を）	M
	Emily	**rarely**	says	bad things	about anyone.
	エミリーは	めったにない	言う	悪いことを	だれについても

基本例題 1. エマ（Emma）は慎重にそのお金をカバンにしまった。

語順　S（エマは）　➡　M（慎重に）　➡　V（入れた）　➡　O（そのお金を）　➡　M（彼女のカバンに）

B 意味的な文のつながりを示す副詞と文を修飾する副詞

❷ この上着は値段が安いです。しかし，その質はすばらしいです。

This jacket is inexpensive.　However, its quality is excellent.

❸ 幸運にも，私は入学試験に合格しました。

Fortunately, I passed the entrance exam.

❷however は 2 つの文の意味的なつながりを示す。接続詞のように，文と文をつなぐことはできない。

語順 BOX	S（何が）	V（…である）	C（どんな性質）	M	S（何が）	V（…である）	C（どんな性質）
	This jacket	is	inexpensive.	**However,**	its quality	is	excellent.
	この上着は	…である	高くない	しかしながら	その質は	…である	すばらしい

❸文を修飾する副詞は，その内容についての話し手の価値観や確信の度合いを表す。

語順 BOX	M	S（だれが）	V（〜する）	O（何に）
	Fortunately,	I	passed	the entrance exam.
	幸運にも	私は	合格した	入学試験に

●つながりを示す副詞と，文を修飾する副詞

つながりを示す副詞：besides（他にも），however（しかしながら），in addition（そのうえ），instead（その代わりに），moreover（さらに），on the other hand（一方で），otherwise（そうしないと），therefore（それゆえ）など

文修飾の副詞：apparently（どうやら），definitely（確かに），generally（一般的に），perhaps（ひょっとしたら）など

基本例題 2. 一般的に，大学生はたくさんの本を読まなければならない。

語順　M（一般的に）　➡　S（大学生は）　➡　V（読まなければならない）　➡　O（たくさんの本を）

Target Sentences 次の日本語を英語に直して，基本例文の定着をはかろう。(各2点)

❶ エミリー(Emily)がだれかの悪口を言うことはめったにありません。

_____

❷ この上着は値段が安いです。しかし，その質はすばらしいです。

_____

❸ 幸運にも，私は入学試験に合格しました。

_____

1 日本語に合うように空所に適語を入れなさい。(各2点)

1. 幸運にも，午前中に雨はやみました。

   (　　　　　　　), the rain (　　　　　　) (　　　　　　) the morning.

2. 私の娘はほとんど宿題を終えました。

   My daughter (　　　　　　) (　　　　　　) her homework.

3. エイミー(Amy)はおしゃれで，そのうえ友好的です。

   Amy dresses fashionably. (　　　　　　), she is friendly.

2 次の英文を完成させなさい。(1., 2. : 各2点, 3., 4. : 各4点)

1. 無料オンライン講座がますます人気になりました。

   Free (become / courses / have / increasingly / online) popular.

   _____

2. Leo (difficult / escaped / from / narrowly / the) situation.

   _____

3. 子供は自分の親に依存しています。それゆえ，不完全だと感じます。

   _____ they feel incomplete.

   語順　S(子供たちは)　➡　V(依存している)　➡　M(自分たちの親に)　　M(それゆえ)

4. 智貴(Tomoki)は海外留学をするために，一生懸命英語を毎日勉強している。

   _____ .

   語順　S(智貴は)　➡　V(勉強している)　➡　O(英語を)　➡　M(一生懸命)　➡　M(毎日)　➡　M(海外で勉強するために)

3 あなたが休日などの自由な時間をどう過ごしているかについて，頻度を表す副詞を使って書きなさい。

　(6点)

_____

_____

文と文を接続する

知識・技能：従属接続詞の働きについて理解する。

思考力・判断力・表現力：同格の that を用いて，自分が驚いたニュースを表現できる。

A 名詞節を作る that

❶ 日本では電車が時間通りに走ることを当たり前だと思っている人もいます。

Some people in Japan take it for granted **that** trains run on time.

❷ 君が生徒会選挙に立候補するといううわさがあります。

There is a rumor **that** you are running in the student council election.

❶that は「…ということ」という名詞節を作り，文の中で，主語，補語，目的語として働く。

語順 BOX	S（だれが）	V（〜する）	形式目的語	C（どんな性質）	真目的語（that-節：何を）
	Some people in Japan	take	it	for granted	**that** trains run on time.
	一部の日本の人々は	受け止める		当然だと	電車が時間通りに走ることを

🔊 take it for granted that ... は「…を当然のことだと思う」を表す。形式目的語 it の内容は真目的語の that-節の中に示されている。

❷that-節が直前の名詞の内容を説明することがある（同格の that）。

語順 BOX	(there)	V（…である）	S（何が）	同格節
	There	is	a rumor	**that** you are running in the student council election.
		…がある	うわさが	あなたが生徒会に立候補するという

🔊 fact（事実），news（ニュース），idea（考え），truth（真実）などの名詞がよく同格節を従える。

基本例題 1. 私は，教え子の一人(one of my former students)がノーベル賞を獲ったというニュースに驚きました。

I was surprised at _____.

語順　　　　M（ニュースに） ➡ 同格節（教え子の一人がノーベル賞を獲得したという）

B 副詞節を作る接続詞

❸ 私は知らないうちに寝てしまいました。

I fell asleep **before** I knew it.

❸before ... は「…しないうちに」という時を表す副詞節を作る。用いる接続詞によって，時，理由，条件などさまざまな意味を表す副詞節を作る。

語順 BOX	S（だれが）	V（〜する）	C（どんな状態）	M（時を表す副詞節）
	I	fell	asleep	**before** I knew it.
	私は	落ちた	眠っている	知らないうちに

●副詞節を作る接続詞

時：as soon as（…するとすぐに），by the time（…までには），until（…まで），when（…のとき）など

原因・理由：because [since]（…なので），now that（今では…となったので）など

条件：as long as（…する限り），if（もし…なら），unless（…でない限り）など

譲歩：although [though]（…だが）など

目的：so that（…するために）など

基本例題 2. 暗くならないうちに家に帰ろう。

Let's go home _____.

語順　　　　M（暗くならないうちに）

EXERCISES 26 文と文を接続する A 名詞節を作る接続詞 B 副詞節を作る接続詞

Target Sentences 次の日本語を英語に直して，基本例文の定着をはかろう。(各2点)

❶ 日本では電車が時間通りに走ることを当たり前だと思っている人もいます。

_____

❷ 君が生徒会選挙に立候補するといううわさがあります。

_____

❸ 私は知らないうちに寝てしまいました。

_____

---

1 日本語に合うように空所に適語を入れなさい。(各2点)

1. ちょうど祖母が京都に到着したとの連絡がありました。

   I have just received the news (　　　　　) my grandmother (　　　　　) in Kyoto.

2. 月旅行もそう先の話ではないですよ。

   It won't be long (　　　　) (　　　　　) take a trip to the moon.

3. 私たちは5歳になるまでに，第一言語の基本を習得します。

   (　　　　) (　　　　) (　　　　　) we are five years old, we learn the basics of our

   first language.

2 次の英文を完成させなさい。(1., 2.：各2点, 3., 4.：各4点)

1. 篤志(Atsushi)はだれも彼に気づかないようにサングラスをかけます。

   Atsushi wears (dark glasses / nobody / recognize / so / that / will) him.

   _____

2. I will never (allows / as / as / give / long / time / up).

   _____

3. 雪が降らない限り迎えに行きますよ。

   I will pick you up _____ .

   語順 　　　　　　　 M(雪が降らない限り)

4. お久しぶりですね。

   語順　S(形式主語) ➡ V(…になっている) ➡ C(長い時間) ➡ M(私たちが最後に会って以来)

   Tips▶ 現在完了形を使って表現しよう。

3 あなたが驚いた最近のニュースを，同格の that を使って書きなさい。(6点)

_____

_____

さまざまな「…でない」を表現する

知識・技能：否定語，否定表現について理解する。

思考力・判断力・表現力：部分否定を用いて，自分の意見を述べることができる。

A 否定語を使う表現

❶ アリス（Alice）はそのテレビ番組を見れば必ず笑います。

Alice **never** watches the TV program **without** laughing.

❶never ... without ～で，「(～せずに…することはない➡)…すれば必ず～する」を表す。

語順 BOX	S(だれが)	M	V(～する)	O(何を)	M
	Alice	**never**	watches	the TV program	**without** laughing.
	アリスは	けっして…ない	見る	そのテレビ番組を	笑わないで

●否定語を使う表現

cannot help ～ing(～せずにはいられない)，cannot ～ too...(いくら…しても～すぎることはない)，neither A nor B(AもBもどちらも…ない)，never fail to ～(必ず～する)，not always ...(いつも…とは限らない)[部分否定]，not necessarily ...(必ずしも…ない)[部分否定]など

基本例題 1. あなたの意見がいつも正しいとは限りません。

語順 S(あなたの意見が) ➡ V(…である) ➡ M(いつも…とは限らない) ➡ C(正しい)

B 否定語を使わない否定の表現

❷ この本は私には難しすぎて理解できません。

This book is **too** difficult for me **to** understand.

❸ その暴動は現在制御できません。

The riot is currently **beyond** our control.

❷too ... to ～は，「あまりに…なので～できない」という否定の意味になる。

語順 BOX	S(何が)	V(…である)	M	C(どんな性質)	M	M
	This book	is	**too**	difficult	for me	**to** understand.
	この本は	…である	…すぎる	難しい	私にとって	理解するのに

❸beyond は，「(範囲を超えているので)～できない」を表す。

語順 BOX	S(何が)	V(…である)	M	M
	The riot	is	currently	**beyond** our control.
	その暴動は	…である	現在	私たちが制御できる範囲を超えている

🔎 主語に no をつけると二重否定となり，強い肯定の意味を表す。

例 手の届かない夢はありません。 **No** dream is **beyond** our reach.

●否定語を使わない否定表現

far from ...(少しも…ない)，free from ...(…がない)，above [beyond] ...((範囲を超えて)…できない)など

基本例題 2. そのホテルは私の予想以上によかったです。

語順 S(そのホテルは) ➡ V(…であった) ➡ C(よい) ➡ M(私の予想を超えて)

Target Sentences 次の日本語を英語に直して，基本例文の定着をはかろう。(各2点)

❶ アリス(Alice)はそのテレビ番組を見れば必ず笑います。

_____

❷ この本は私には難しすぎて理解できません。

_____

❸ その暴動は現在制御できません。

_____

---

1 日本語に合うように空所に適語を入れなさい。(各2点)

1. 私の兄も妹も東京スカイツリーには行ったことがありません。

(　　　　　) my brother (　　　　　) my sister has visited Tokyo Skytree.

2. 沖縄の自然の美しさに間違いなく驚かされるでしょう。

You will never (　　　　　) (　　　　　) be amazed by the beauty of the nature in Okinawa.

3. このドラマの話は現実とはかけ離れています。

This drama story (　　　　　) (　　　　　) (　　　　　) reality.

2 次の英文を完成させなさい。(1., 2.：各2点, 3., 4.：各4点)

1. 私の母にはストレスがありません。

(free / from / is / my mother / stress).

_____

2. The solution (beyond / lies / our reach / this problem / to).

_____

3. 私たちが信じることがいつも真実とは限りません。

　語順　S(私たちが信じることは) ➡ V(…である) ➡ M(いつも…とは限らない) ➡ C(真実)

4. その荷物は重すぎて私は運ぶことができませんでした。

　語順　S(その荷物は) ➡ V(…であった) ➡ M(…すぎる) ➡ C(重い) ➡ M(私にとって) ➡ M(運ぶには)

3 あなたが必ずしもする必要はないと思っていることについて，部分否定を使って書きなさい。(6点)

_____